歴史文化ライブラリー

579

戦死者たちの源平合戦

生への執着、死者への祈り

田辺 旬

吉川弘文館

目　次

内乱の衝撃——プロローグ

敦盛の最期

鎌倉時代に成立した軍記物語である『平家物語《へいけものがたり》』では、栄華を誇った平氏一門の滅亡が語られている。そこでは平氏一門の人々が合戦で討たれたようすも詳述されているが、十六歳で討死した平敦盛《たいらのあつもり》の逸話はよく知られている。

平敦盛は清盛《きよもり》の弟経盛《つねもり》の子息であり、寿永三年（一一八四）二月の生田《いくた》の森《もり》・一《いち》の谷《たに》合戦（兵庫県神戸市）で鎌倉軍の熊谷直実《くまがいなおざね》によって討たれた。平氏軍が敗走するなかで敦盛も馬を海に入れて逃げようとするが、直実に呼び止められて戻ってしまう。敦盛は直実に組み伏せられてしまったために、名乗ったうえで早く切るようにと言った。哀れに思った直実は、次のように思案したという。

図1　敦盛塚（兵庫県神戸市須磨区）

直実ガ子息小二郎直家モ十六ゾカシ。サテハ吾子ト同年ニテオワシケリ。カク命ヲステ軍《いくさ》ヲスルモ、直家ガ末ノ代ノ事ヲ思ガ故也。我子ヲ思ヤウニコソ人ノ親モ思給ラメ。此殿一人打ズトモ、兵衛佐《ひょうえのすけ》殿《どの》勝給ベキ軍ニヨモ負給ワジ。
（延慶本《えんぎょうぼん》『平家物語』第五本「敦盛被討給事付敦盛頸八嶋へ送事」）

〔訳〕直実の子息小二郎直家も十六歳である。わが子と同年でいらっしゃる。このように命を捨てて戦をするのも、直家の将来のことを思うがゆえである。自分がわが子を思うように人の親もお思いになられるであろう。この殿一人を討たなくても、兵《ひょう》衛佐殿《えのすけどの》（源頼朝《みなもとのよりとも》）はお勝ちになられるべき戦によもや負けられることはない。

直実は敦盛を討つことをためらったが、味方の軍勢が来たために「あなたをお助けしてもお逃れになることはできない。御孝養《きょうよう》（死者を弔うこと）は直実がいたしましょう」と言って目を塞いで、敦盛の首を掻き切った。その後、直実は敦盛の首に書状を添えて屋島《やしま》（香川県高松市）の父経盛のもとに届けたという。

さらに、「発心《ほっしん》ノ心」をおこした直実は出家して敦盛の後世を弔ったと語られている。この逸話は、のちに能「敦盛」や幸若舞《こうわかまい》「敦盛」、浄瑠璃「一谷嫩軍記《いちのたにふたばぐんき》」の素材にもなった。幸若舞「敦盛」は織田信長《おだのぶなが》が好んだことで知られている。

この逸話では若くして討死した敦盛の悲哀と、その敦盛を逡巡しながらも討たざるをえなかった直実の苦悩が印象的に描かれている。しかし、鎌倉幕府の歴史書『吾妻鏡《あずまかがみ》』によれば、直実は一族との所領争いのすえに幕府の対応に憤慨して出家したとされており（建久三年〈一一九二〉十一月二十五日条）、直実が出家した理由が敦盛を討ったことにあったかは確かではない。『平家物語』の敦盛最期の逸話は印象的ではあるが、戦場における武士の実態を伝えるものであるかは慎重になる必要があろう。

未曽有の内乱

治承《じしょう》・寿永《じゅえい》の内乱（源平合戦）は、十二世紀末に日本列島でおこった数年間にわたる全国的な内乱である。内乱当初には官軍であった平清盛の一門が滅亡し、反乱をおこした源頼朝が勝利して鎌倉幕府を成立させた。内乱は幕府という新しい政治権力を生み出したのであり、その後の武家政権の存在形態や公武関係のあ

図2　清和源氏系図

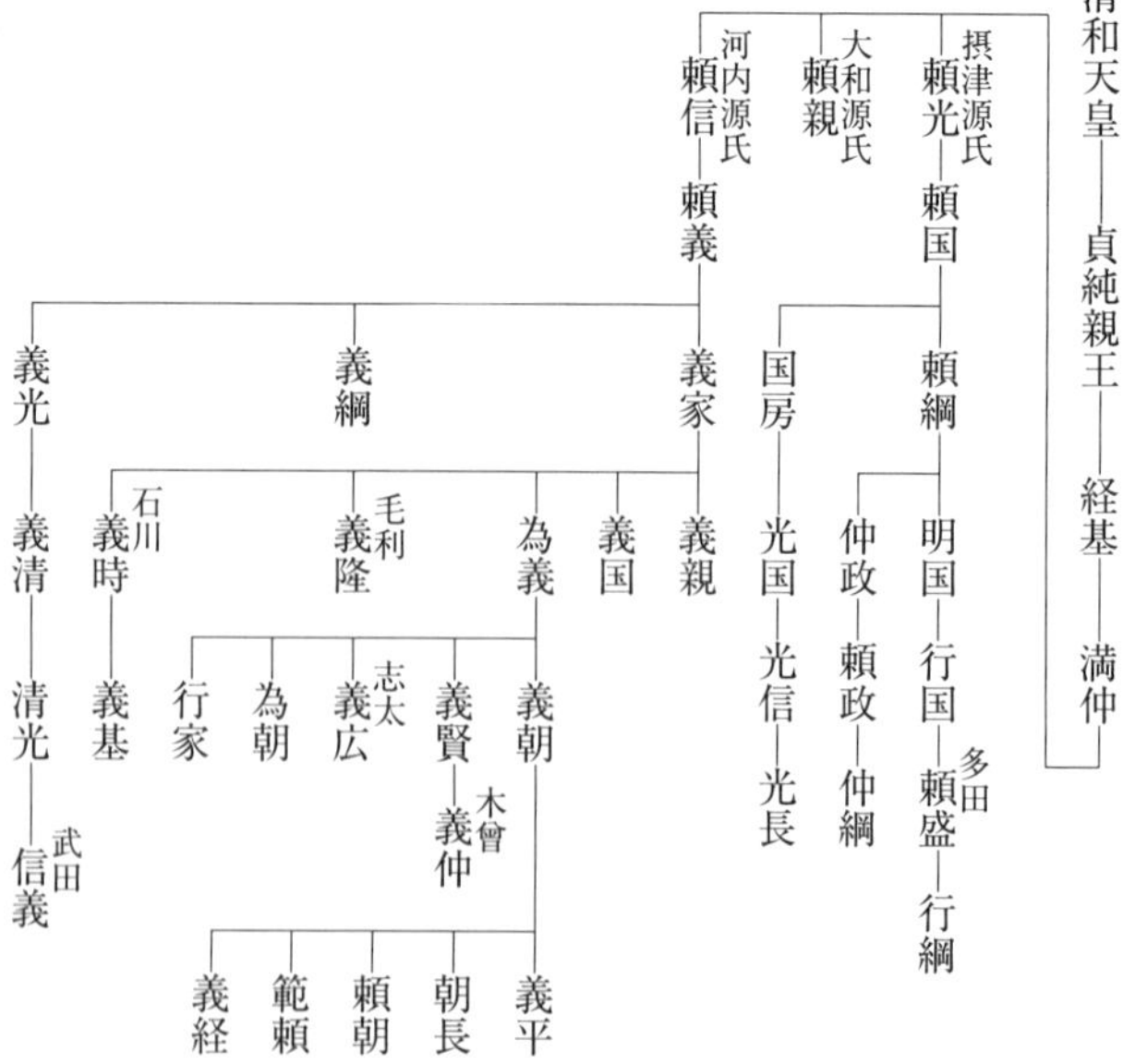

り方をも規定した［上横手一九八七・川合一九九六］。

この内乱では伊勢平氏《いせへいし》である清盛の一門が河内源氏《かわちげんじ》の頼朝によって滅ぼされたが、内乱は単純な源平の覇権争いではなかった。伊勢平氏、河内源氏、甲斐源氏《かいげんじ》、奥州藤原氏《おうしゅうふじわらし》などの各地の武士勢力と朝廷や寺社の動向が複雑に絡み合って展開しており、平氏一門と河内源氏はそれぞれ内部に矛盾や対立を抱えていた。また、内乱は各地域における領主間の競合によって拡大していき、民衆を含む地域社会を巻き込んで展開した。そのために、中世史研究では「源平合戦」よりも「治承・寿永の内乱」という用語を用いることが多い。

なお、近年の研究では、治承・寿永の内乱を「源平合戦」として捉える心性が同時代に存在していたことが注目されており、内乱を「源氏対平氏」という構図で把握する思考様式が一定程度存在していたことも明らかにされている［下村周太郎「治承・寿永の乱」高橋典幸編『中世史講義【戦乱篇】』二〇二〇年、筑摩書房］。本書では治承・寿永の内乱という呼称を用いるが、書名には「源平合戦」という呼称を使用した。

内乱の展開について概観しておきたい。平清盛は平治元年（一一五九）におこった平治の乱後に軍事貴族として朝廷政治への関与を強めるとともに摂関家《せっかんけ》（藤原氏《ふじわらし》の嫡流で摂政・関白を出した家）と婚姻関係を結んだ。一方で、源義朝《よしとも》は謀反人として滅亡したために河内源氏は勢力を弱めていった。清盛の妻平時子《ときこ》の妹である建春門院滋子《けんしゅんもんいんしげこ》は、後白河《ごしらかわ》院の正妻であり高倉《たかくら》天皇を生んだ。清盛と後白河院は滋子を介して政治的に連携したが、安元二年（一一七六）に滋子が死去したことにより関係は悪化していった。治承三年（一一七九）十一月、清盛はクーデタをおこして後白河院を幽閉した。

翌年二月に清盛の外孫である安徳《あんとく》天皇が践祚《せんそ》すると、以仁王《もちひとおう》（後白河院の皇子）は平氏追討の令旨《りょうじ》（親王の命令を伝える文書）を出して挙兵を計画した。高倉院（以仁王の異母

図3　桓武平氏系図

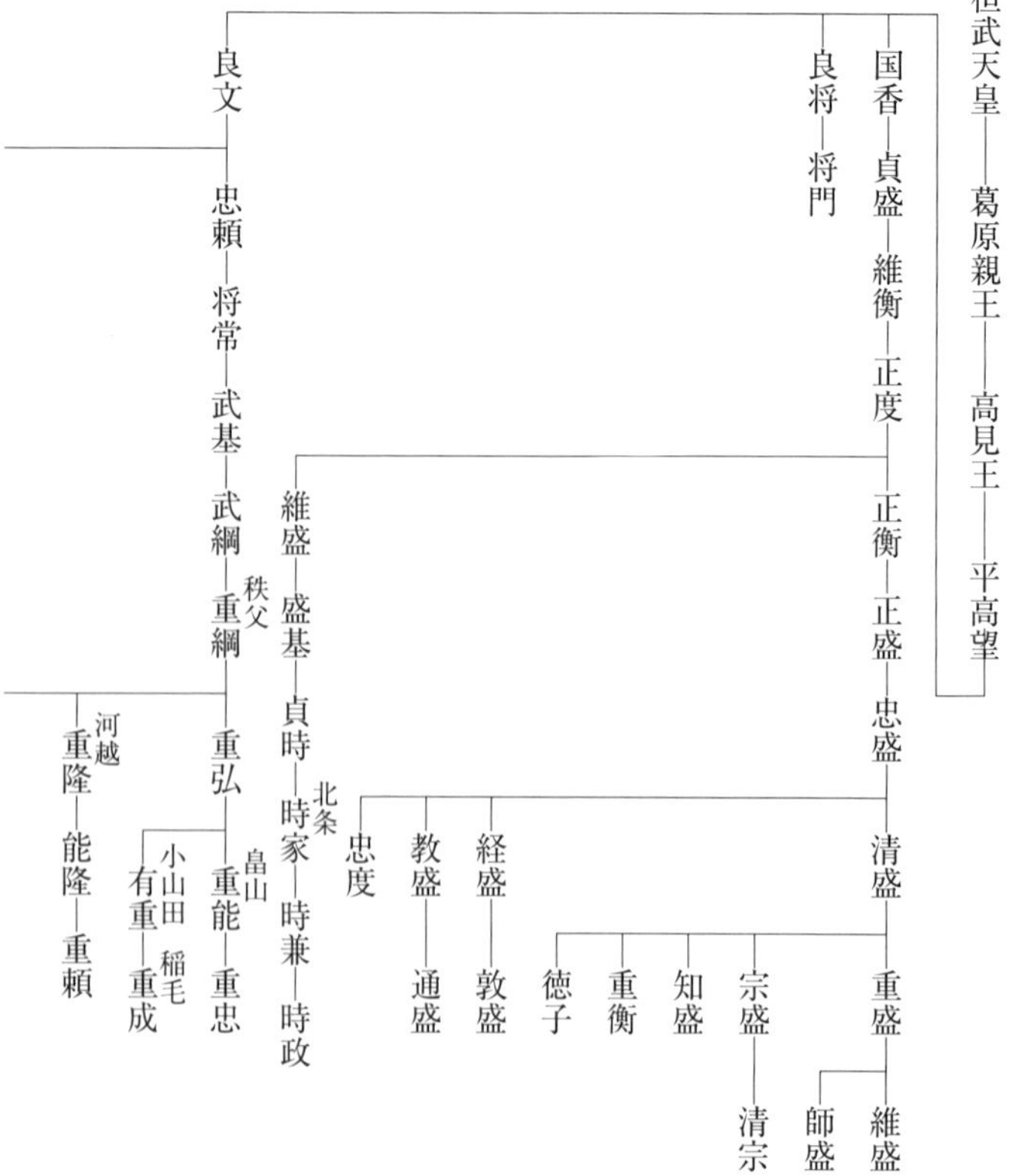

桓武天皇
葛原親王
高見王
平高望
国香
貞盛
維衡
正度
正衡
正盛
忠盛
清盛
重盛
維盛
師盛
宗盛
清宗
知盛
重衡
徳子
経盛
敦盛
教盛
通盛
忠度
維盛
盛基
貞時
北条
時家
時兼
時政
良将
将門
良文
忠頼
将常
武基
武綱
秩父
重綱
重弘
畠山
重能
重忠
小山田
有重
稲毛
重成
河越
重隆
能隆
重頼

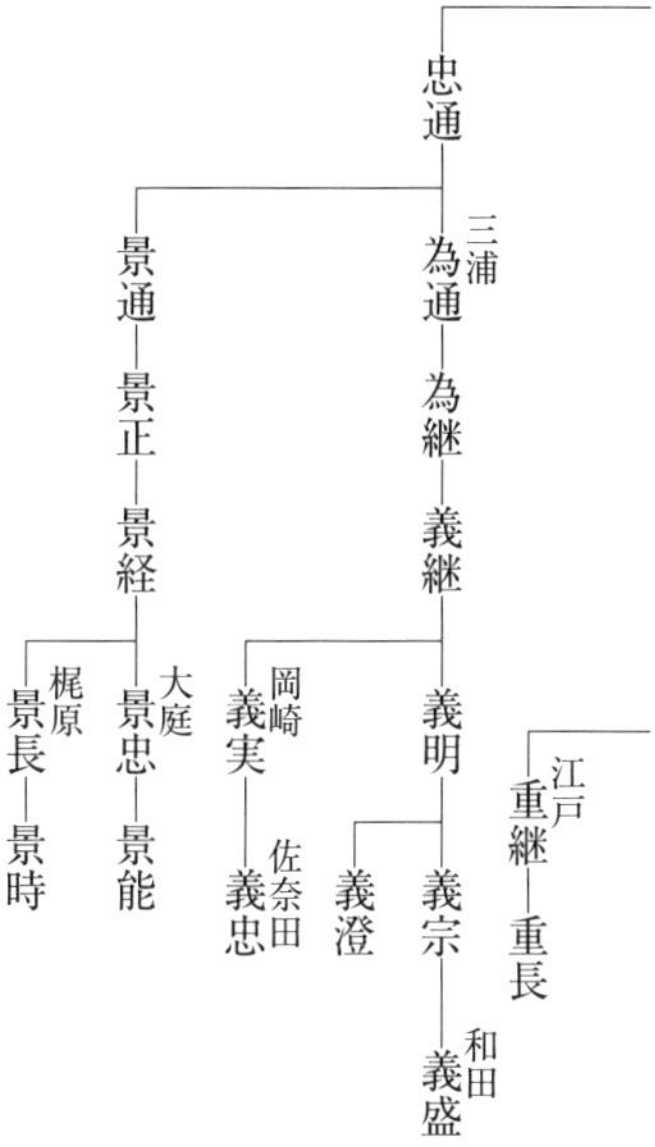

弟）と徳子《のりこ》（清盛の娘）の間に生まれた安徳天皇の即位により、以仁王の皇位継承は絶望的になっていた。五月には以仁王と源頼政《よりまさ》が挙兵をしたが、平氏の追討軍によって鎮圧された。以仁王の挙兵は失敗したが、伊豆国（静岡県南部）で源頼朝が、信濃国（長野県）で木曾《きそ》義仲《よしなか》が、甲斐国（山梨県）で武田《たけだ》信義《のぶよし》らが挙兵したことにより、内乱は短期間に全国に広がっていった。

源頼朝は義朝の嫡子であり平治の乱後に伊豆国に流されていたが、以仁王挙兵の余波によって身に危険が迫ったために挙兵をおこなった。頼朝は相模国（神奈川県）に進軍したものの石橋山《いしばしやま》合戦（神奈川県小田原市）で大敗する。頼朝は安房国（千葉県南部）へと渡海して房総半島で勢力を盛り返したのちに武蔵国（東京都・埼玉県・神奈川県東部）を経由して父祖ゆかりの地である相模国鎌倉（神奈川県鎌倉市）へと入った。

なお、頼朝は平治の乱以前には上西門院《じょうさいもんいん》（後白河院の同母姉）の蔵人《くろうど》（事務を取り扱う家政機関の職員）をつとめていたが、父義朝は祖父為義《ためよし》によって廃嫡《はいちゃく》されており、為義の子義賢《よしかた》を父にもつ木曾義仲とは競合関係にあった。また、内乱当初には武田信義や新田義重《にったよししげ》といった源氏一門は頼朝からは自立して軍事行動をとっている。源氏一門内には矛盾や対立があり、頼朝は内乱勃発時には清和源氏《せいわげんじ》の嫡流としての地位を確立していたわけではなかった。

治承五年（一一八一）閏二月に平清盛が病死すると、子の宗盛《むねもり》が一門を率いることになったが、大飢饉の影響もあり戦線は膠着状態となった。平時子を母にもつ宗盛に対して、清盛の異母弟である頼盛《よりもり》の池《いけ》家、清盛先妻の子で早世した重盛《しげもり》の子息たちの小松《こまつ》家は自立した動きをとっており、平氏一門も内部に矛盾を抱えていた。

寿永二年（一一八三）五月、礪波山《となみやま》合戦（富山県小矢部市）で平氏の追討軍は木曾義仲に敗北した。義仲軍は京都へと攻め上ったため、同年七月に宗盛は安徳と徳子を奉じて西走した。平氏都落ちにより義仲軍が入京したが、義仲軍は諸国源氏との混成部隊であったた

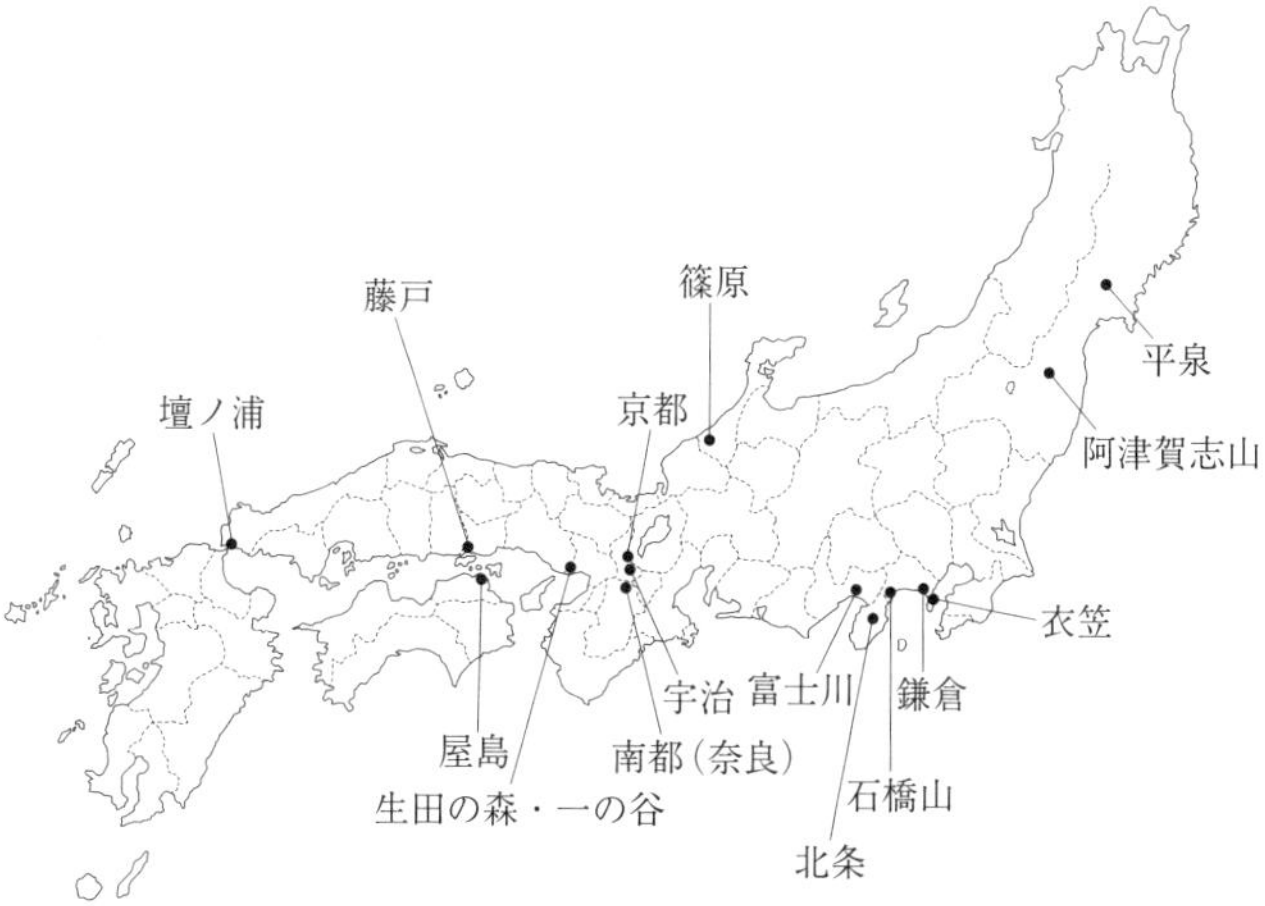

図4　治承・寿永の内乱地図

めに混乱が生じた。さらに、義仲は後白河院との対立を深めていき、同年十一月の法住《ほうじゅう》寺《じ》合戦（京都府京都市東山区）により後白河院を幽閉した。

源頼朝は鎌倉を本拠地とする軍事権力を成立させたが、同年十月の宣旨《せんじ》（太政官の命令を伝える文書）によって朝廷から東国の軍事体制を承認された。頼朝は弟の範頼《のりより》と義経《よしつね》に軍勢をあずけて上洛させた。寿永三年一月、範頼と義経の鎌倉軍は義仲を討って入京した。都落ち後の平氏軍は摂津国福原《ふくはら》（兵庫県神戸市）を拠点としていたが、同年二月に生田の森・一の谷合戦で鎌倉軍が平氏軍を破ったことにより鎌倉軍の軍事的優位が確立した。

平氏軍は讃岐国屋島へと敗走したが、頼朝

の終戦構想は平氏を降伏させることで安徳と三種の神器を無事帰還させるものであったとされる。元暦二年（一一八五）二月、屋島合戦で源義経に敗れた平氏軍は、長門国（山口県東北部・西部）へと敗走した。そして、同年三月の壇《だん》ノ浦《うら》合戦（山口県下関市）で鎌倉軍に敗れて平氏一門は滅亡した。宗盛は生虜《せいりよ》（生け捕り）となったが、時子は安徳とともに入水した。三種の神器のうち宝剣も失われており、頼朝の構想とは異なるかたちで平氏との戦争は終結した。

兄頼朝との関係が悪化した源義経は挙兵したもののすぐに没落して、陸奥国平泉《ひらいずみ》（岩手県平泉町）を拠点とした奥州藤原氏のもとに潜伏した。義経を匿った藤原秀衡《ひでひら》が死去すると、文治五年（一一八九）閏四月に秀衡の子息泰衡《やすひら》は頼朝の圧力を受けて義経を自害に追い込んだ。同年七月には、頼朝は全国の御家人を動員して奥州合戦をおこない、泰衡を討って奥州藤原氏を滅ぼした。

流人であった源頼朝は内乱に勝利することで唯一の武家の棟梁となり鎌倉幕府を成立させたのである。

内乱の影響

治承・寿永の内乱によって生まれたのは、鎌倉幕府という新しい政治権力だけではなかった。『平家物語』は「祇園精舎《ぎおんしょうじゃ》ノ鐘ノ声、諸行無常《しょぎょうむじょう》ノ響アリ。沙羅双樹《さらそうじゅ》ノ花ノ色、盛者必衰《じょうしゃひっすい》ノ理《ことわり》ヲ顕《あらわ》ス」と冒頭にあるように、権勢を誇った平氏一門の悲劇的な滅亡が描かれている。内乱では朝廷政治に関与した平清盛の一門のなかから多くの戦死者を出しており、『平家物語』では彼らが討たれたようすが語られている。『平家物語』という軍記物語は内乱によって生み出されたのであり、古典文学として後世に大きな影響を与えた。

治承・寿永の内乱は仏教界にも大きな衝撃を与えた。中世の仏教は国家を守護する役割を担っていたが、全国的な内乱により国土が荒廃してしまったからである。さらに、治承四年十二月の平重衡《しげひら》による南都《なんと》（奈良県奈良市）攻撃により、鎮護国家（災いから国土を守るために仏に祈る思想）の中心である東大寺《とうだいじ》の大仏殿《だいぶつでん》も焼失してしまった。

内乱は仏教界のあり方に反省を迫ったために仏教革新運動が生まれた［平二〇一七］。革新運動には穏健派と急進派の二つの潮流があり、穏健派はこれまでの僧侶のあり方を問題視して戒律《かいりつ》の遵守を重視した。東大寺の再建を推進した重源《ちょうげん》や華厳宗《けごんしゅう》を再生した明恵《みょうえ》が知られている。一方で、急進派は仏教の教えそのものを根本的に問い直して、仏法の絶対化により世俗秩序を相対化しようとした。法然《ほうねん》・親鸞《しんらん》らは急進派として位置付けられている［平二〇一七］。内乱の衝撃は仏教界に変革をもたらしたのである。

このように、治承・寿永の内乱は新しい政治権力を生み出すとともに文学や仏教にも大きな影響を与えた。内乱は国土を荒廃させたが、人々に最も大きな衝撃を与えたのは内乱によって多くの戦死者を出したことであろう。当時の人々は内乱の戦死者にどのように向き合ったのだろうか。本書では、戦場における死、首をめぐる意識、鎮魂と顕彰といった視点から、治承・寿永の内乱の戦死者について考察したい。

戦死とは「軍人・兵士が戦場で死ぬこと」（『日本国語大辞典』）であり、「戦死者」は戦場で死んだ戦闘員を意味する言葉である。しかし、戦争では非戦闘員も巻き込まれて落命しており、戦闘員が生虜となって合戦後に処刑されることもあった。本書では、「戦死者」を内乱で命を落とした死者という広い意味で捉える。そのために、戦場で討たれた武士だけではなく、戦場で落命した民衆や僧侶、合戦後に斬首された武士なども考察の対象とする。

治承・寿永の内乱を考える手がかりとなるのは、『玉葉《ぎょくよう》』や『吉記《きっき》』といった貴族の日記、『鎌倉遺文』に所収されている文書、摂関家出身の慈円《じえん》が著した歴史書である『愚管抄《ぐかんしょう》』、内乱を主題とする『平家物語』、鎌倉幕府の歴史書である『吾妻鏡』などの史料である。『平家物語』には多くの諸本（テキスト）があるが、より古態を残しているとされる延慶本を主に使用する。また、史料は読み下して引用する。

なお、参考文献は本文中に［　］で示したが、著者と西暦で略記したものは巻末にまとめて挙げている。

武士と戦死

戦死と勲功

三浦義明の戦死

治承四年（一一八〇）八月二十日、源頼朝《みなもとのよりとも》の反乱軍は伊豆国から相模国へと進軍したが、八月二十三日に石橋山《いしばしやま》合戦（神奈川県小田原市）で平氏方の軍勢に大敗した。相模国の三浦氏《みうらし》は頼朝軍に合流できなかったために、本拠地の衣笠城《きぬがさじょう》（神奈川県横須賀市）に退却したが、平氏方に与《くみ》した秩父平氏《ちちぶへいし》の江戸重長《えどしげなが》、河越重頼《かわごえしげより》、畠山重忠《はたけやましげただ》らの軍勢による攻撃を受けた。八月二十六日に、三浦義澄《みうらよしずみ》、和田義盛《わだよしもり》ら一族は再起を図るために安房国へと敗走したが、義澄の父で家長であった三浦義明《よしあき》は衣笠城にとどまって戦死した。『吾妻鏡《あずまかがみ》』では、義明は子や孫に対して次のように述べたとされている。

吾源家累代の家人《けにん》として、幸にその貴種再興の秋に逢ふなり。なんぞ之を喜ばざらんや。保つ所は已《すで》に八旬有余なり。余算を計るに幾ばくならず。今老命を武衛《ぶえい》に投《なげう》ちて、子孫の勲功を募らんと欲す。汝等急ぎ退去し、かの存亡を尋ね奉るべし。吾独り城郭に残り留りて、多軍の勢に模し、重頼に見せしめん。（治承四年八月二十六日条）

〔訳〕自分は源家の累代の家人である。幸いにしてその貴種再興のときにあった。どうしてこのことを喜ばないことがあろうか。年齢は保つところすでに八十歳余りであり、余命はいくばくもない。今老命を頼朝殿になげて、子孫の勲功をつのろうと思う。お前たちは急いで退去して、頼朝殿の存亡をお尋ね申し上げなさい。自分は一人城郭に残留して、大軍を装って敵の重頼に見せよう。

義明は子や孫に頼朝の行方を尋ねるように命じたうえで自身は城に留まったが、その理由は、源氏の「累代家人」として「貴種再興」のときを喜ぶとともに、「老命」を頼朝に捧げることで「子孫の勲功」にするためであったとされている。

一方で、延慶本《えんぎょうぼん》『平家物語《へいけものがたり》』では、義明は次のように主張したと語られている。

今夜コヽヲ引テ、船ニ乗テ佐殿《すけどの》ノ行エヲ尋奉ベシ。義明今年已ニ七十九才ニ迫レリ。其上所労ノ身也。「義明幾程ノ命ヲ惜テ、城ノ中ヲバ落ケルゾ」ト、後日ニイワレム事モ口惜ケレバ、我ヲバステ、落ヨ。全ク恨有ベカラズ。忩《いそ》ギ佐殿ニ落加奉リテ、本《ほん》意《い》ヲ遂ベシ。　（第二末「衣笠城合戦之事」）

〔訳〕今夜ここから引いて、船に乗って頼朝殿の行方を尋ね申し上げなさい。義明は今年すでに七十九歳に迫っている。そのうえ病気の身である。「義明はいくばくもない命を惜しんで、城の中から落ちていったぞ」と後日に言われることも口惜しいので、私を捨てて落ちよ。全く恨むことはない。急ぎ頼朝殿に加わり申し上げて、本意を遂げるべきである。

延慶本『平家物語』では、義明は「幾程ノ命」を惜しんだと批判されるのも口惜しいので老齢で病気の身である自分を城に置いていくように主張しており、『吾妻鏡』のように「子孫の勲功」には言及していない。

また、『吾妻鏡』は義明の最期については詳述していないが、延慶本『平家物語』では義明の最期が次のように語られている。子や孫たちは義明を捨て置くことができなかったために、手輿に乗せて城外に連れ出した。敵が近づいてくると輿の担ぎ手が逃げてしまったために、義明は敵によって衣服を剝がされたうえで討たれてしまった。そのために、人々は「もとから義明が言ったように城中に捨て置いたならば、このような恥には及ばなかった」と言ったという。延慶本『平家物語』では義明の悲惨な最期が生々しく描写されているのである。

このように、頼朝挙兵時に三浦義明は一族には退去して頼朝の行方を尋ねるように命じたが、自らは衣笠城に留まることを望んで戦死した。川合康氏は、城郭を「最後の決戦の場」とする見方を批判したうえで、義明の「城を枕に討死する」行動は特殊なものであっ

図5　三浦義明の腹切松（神奈川県横須賀市）

たと指摘している〔川合一九九六〕。義明は逃亡することを拒んで城に留まって戦死したが、それは武士としては特殊な行動であった。それゆえに、その戦死は『吾妻鏡』や延慶本『平家物語』で特筆されたのである。

『平家物語』と頼朝挙兵

ここで『平家物語』の諸本について確認しておきたい。『平家物語』には多くの諸本があり、諸本により記事内容や配列などが大きく異なる。『平家物語』諸本は、琵琶法師《びわほうし》のテキストとなった語り本系と、読み物としてまとめられた読み本系に大別される。語り本系には覚一本《かくいちぼん》、屋代本《やしろぼん》、八坂本《やさかぼん》などがある。覚一本は南北朝時代に琵琶法師の明石覚一《あかしかくいち》によって当道座《とうどうざ》（琵琶法師によって組織された集団）のテキストとしてまとめられたものである。日本古典文学大系（岩波書店）などの底《てい》本《ほん》となっており、現在最も入手しやすいテキストである。

読み本系には延慶本、長門本《ながとぼん》、四部合戦状本《しぶかっせんじょうぼん》、源平盛衰記《げんぺいじょうすいき》などがあり、語り本系と比べて記事の分量が多くなっている。延慶本は鎌倉時代の延慶年間（一三〇八―一一）に書写された原本を室町時代に再度書写したものであり、諸本のなかで最も古態を残していると考えられている。

治承四年の頼朝挙兵については語り本系では簡潔に記されている。覚一本では、巻第五

「早馬《はやうま》」において平氏家人である相模国の大庭景親《おおばかげちか》からの早馬が到着して、山木《やまき》合戦、石橋山合戦、衣笠城の陥落といった頼朝挙兵時の軍事情勢について報告があったことが語られているが、それぞれの合戦についての詳細な記事はみられない。

一方で、読み本系は頼朝挙兵についての詳細な記事をもっている。延慶本では、第二末「佐々木者共佐殿ノ許ヘ参事」から「畠山兵衛佐殿ヘ参ル事」において、山木合戦から畠山重忠の帰参にいたる頼朝軍の動向について詳細に語られている。「石橋山合戦事」、「小壺坂合戦之事」、「衣笠城合戦之事」の章段ではそれぞれの合戦について詳述されている。こうした記事は、東国で成立した武士の物語や伝承が取り入れられたものと考えられている。

なお、鎌倉幕府の歴史書である『吾妻鏡』は幕府に伝来していた文書や京都の貴族の日記などを参照して編纂されたと考えられるが、頼朝挙兵についての記事には読み本系の『平家物語』を編纂材料としたと思われる箇所がある。

『玉葉《ぎょくよう》』や『山槐記《さんかいき》』といった貴族の日記にも頼朝挙兵についての記事がみられるが、そこでは京都にもたらされた断片的な情報が記されているにすぎない。頼朝挙兵を検討するうえでは、読み本系『平家物語』の詳細な記事は重要な史料であるといえよう。

頼朝挙兵についての記事は、延慶本『平家物語』と『吾妻鏡』では相違する点もあるが、前者の方が史実を伝えていると考えられる箇所が多い。三浦義明の最期についても、高橋秀樹氏が指摘するように、哀れな最期について語っている延慶本『平家物語』の方が義明を顕彰している『吾妻鏡』よりも信憑性は高いと考えるべきであろう〔高橋二〇一五〕。

『吾妻鏡』においては三浦義明の戦死が頼朝挙兵に命を捧げた老将の最期として叙述されていることに留意する必要があるが、「今老命を武衛に投ちて、子孫の勲功を募らんと欲す」という義明の言葉は印象的である。はたして中世の武士は自らの戦死を子孫の勲功にしようと意識することはあったのだろうか。

「子孫の勲功」

こうした表現は軍記物語にもみられる。西源院本《せいげんいんぼん》『太平記《たいへいき》』第六巻では、元弘三年（一三三三）の赤坂城《あかさかじょう》合戦（大阪府千早赤阪村）における幕府軍の本間資頼・資忠父子の戦死が語られている。父の戦死後に後を追おうとする資忠に対して、それを制止しようとした聖《ひじり》（官位をもたない僧侶）は次のように述べたという。

御親父も、この合戦に前懸けして、ただ名を天下の人に知られんと思し召すばかりならば、父子ともにこそ打ち連れて向かはせ給ふべけれども、命をば相模殿の御ために捨て、恩賞をば子孫の栄花に残さんと思し召しけるゆゑにこそ、人より前に討死をばし給ひつらめ。　（「赤坂合戦の事、并人見本間討死の事」）

聖は戦死しようとする資忠を思いとどまらせるために、「お父上もこの合戦で先がけをして、ただ名を天下の人に知られたいとお思いになるばかりであれば、父子ともに向かおうとなさっただろうが、命を北条高時《ほうじょうたかとき》殿のために捨てて、恩賞を子孫の栄華に残そうと思うゆえに、他人より前に討死をなさったのである」と発言している。父資頼は自らが命を捨てることにより子孫の恩賞としようと考えて戦死したとされているのである。

『太平記』は南北朝時代に成立した軍記物語であるが、「命をば相模殿の御ために捨て、恩賞をば子孫の栄花に残さん」という表現は、『吾妻鏡』の三浦義明の言葉に通じるものである。

実際に武士が合戦で戦死した場合には、その戦死は勲功とされて遺族である子弟に恩賞が与えられた。寿永三年（一一八四）二月の生田《いくた》の森《もり》・一《いち》の谷《たに》合戦では鎌倉軍の藤田行康《ふじたゆきやす》が戦死した。『吾妻鏡』によれば、翌月二日に源頼朝はその「勲功」の賞として子息能国《よしくに》に武蔵国の所領を安堵している。行康の戦死が勲功と評価されたために、遺児が所領を継承することが認められたのである。合戦後に戦死が勲功とされて遺族に恩賞が与えられたとしても、中世の武士が自らの戦死を「子孫の勲功」としようと行動することはあったのだろうか。

この点に関連するのが、中世史研究では戦死が「最高の戦功」であったとする見解があることである。呉座勇一『戦争の日本中世史』（新潮社、二〇一四年）では、戦死は「最高の戦功」とされて遺族には恩賞が与えられたとしており、松本一夫『中世武士の勤務評定』（戎光祥出版、二〇一九年）においても一般に最も大きな戦功は本人の戦死であるとしている。戦死が「最高の戦功」と評価されたのならば、自らが戦死することにより「子孫の勲功」にしようと行動することもありえよう。しかし、そもそも中世の武士社会において戦死は「最高の戦功」と評価されたのだろうか。こうした問題を解くために、まずは戦死をめぐる武士の意識についてみていきたい。

戦死をめぐる意識

戦死の覚悟

元暦二年（一一八五）二月の屋島《やしま》合戦では、鎌倉軍の指揮官である源《みなもとのよし》義経《つね》の従者であった佐藤継信《さとうつぐのぶ》が戦死した。陸奥国信夫荘《しのぶのしょう》（福島県福島市）を本拠地とする佐藤氏は奥州藤原氏《おうしゅうふじわらし》の家人《けにん》であったが、継信は藤原秀衡《ひでひら》の命令によって弟忠信《ただのぶ》とともに義経の従者になっていたのである。

延慶本《えんぎょうぼん》『平家物語《へいけものがたり》』によれば、継信は頸《くび》の骨を射られて落馬したのちに瀕死の状態で義経のもとに運ばれた。

判官《ほうがん》、継信ガ枕上ニ近ヨッテ、「義経ハコ、ニ有ゾ。何事カ思置事アル。一所ニテトコソ契タリシニ、汝ヲ先ニ立ツルコソ口惜ケレ。義経若イキ残リタラバ、後世ヲバイカニモ訪ワンズルゾ。心安ク思へ」ト宣ケレバ、継信ヨニ苦シゲニテ気吹出シテ、「弓矢ヲ取男ノ、敵ノ矢ニ中《あたり》テ死ル事ハ、存儲タル事ニ候。全ク恨ト存候ワズ。但奥州ヨリ付進《まいら》セ候ツルニ、君ノ平家ヲ責落給テ、日本国ヲ手ニニギラセ給、今ハカウト思食《おぼしめ》シ候ワンヲ見進テ候ハヾ、イカニウレシク候ワン。今ハ夫《それ》ノミゾ心ニ係リテ覚候へ」ト申ケレバ

（第六本「八嶋ニ押寄合戦スル事」）

義経（判官）は継信の枕元に近づいて「思い残すことはないか」と尋ねるとともに菩提を弔うことを約束した。継信は「弓矢取る男が敵の矢にあたって死ぬことは予期しており、まったく恨みに思うことはない」と述べたうえで、義経が平氏を滅ぼして日本国を平定することをみることができたら嬉しかったであろう、そのことだけが心残りであると答えたとされている。

継信の最期が悲劇的に描かれた場面であることに注意せねばならないが、継信は討死することを恨みには思わないと答える際に「弓矢ヲ取男ノ、敵ノ矢ニ中テ死ル事」を覚悟していたと述べている。

また、文治五年（一一八九）の奥州合戦では源頼朝は全国の御家人を軍事動員したが、『吾妻鏡《あずまかがみ》』文治五年七月十四日条には次のようにある。

征伐のため奥州に赴かせしめ給ふべきによりて、御共として波多野五郎義景《はたのごろうよしかげ》を催さるるのところ、進奉《しんぼう》の後、所領を幼息に譲る。これ戦場に向かひ本国に帰るべからざるの故なりと云々。二品《にほん》之を聞こしめし、頗《すこぶ》る御感ありと云々、

〔訳〕頼朝は奥州に出陣することになったので、波多野義景《はたのよしかげ》を御共として出陣するように召集したところ、義景はそれを進上したのちに幼少の子息に所領を譲った。これは戦場に向かい本国に帰らないだろうと考えたためである。頼朝（二品）はこのことを聞いて大変感心したという。

波多野氏は相模国波多野荘《はたののしょう》（神奈川県秦野市）を本拠地とした武士である。頼朝の父義《よし》朝《とも》は波多野義通《よしみち》の妹との間に朝長《ともなが》を儲けており河内源氏《かわちげんじ》との関係が深かった。治承四年（一一八〇）の頼朝挙兵時に義通の嫡子義常《よしつね》は参陣しなかったために軍勢を差し向けられて自害したが、義通の弟義景は頼朝のもとに出仕して御家人となっていた。

義景は戦死することを覚悟して出陣前に所領を子息に譲与したのであり、頼朝はそのことを聞いて感心したとされている。実際には義景は戦死することなく生還したが、戦死のリスクを考慮して家の存続をはかって行動していたのである。

このように、武士は戦死するリスクを意識して合戦に臨んでおり、戦死することを考慮

して行動することもあった。では、武士は実際の戦場ではどのように行動していたのだろうか。

生への執着

治承《じしょう》・寿永《じゅえい》の内乱において平氏一門のなかから多くの戦死者を出したのが、生田《いくた》の森《もり》・一《いち》の谷《たに》合戦である。寿永三年（一一八四）二月、摂津国福《ふく》原《はら》を拠点としていた平氏軍は鎌倉軍の攻撃を受けて敗北した。源義経による「鵯越《ひよどりごえ》の坂落し」の逸話が有名であるが、源範頼《のりより》が率いる大手《おおて》軍は東の生田の森、義経が率いる搦《から》手《て》軍は西の一の谷から攻撃しており、実際に鵯越から進軍したのは摂津国（大阪府西北部・兵庫県東南部）の多田行綱《ただゆきつな》であった。平宗盛《たいらのむねもり》は安徳《あんとく》天皇や建礼門院徳子《けんれいもんいんのりこ》をともなって讃岐国屋島《やしま》へと敗走した。

平氏軍は福原に駐留して入京をうかがっていたが、この敗北により鎌倉軍の軍事的優位が確定した。合戦では平氏軍の中心であった重衡《しげひら》（宗盛同母弟）が生虜となり、忠度《ただのり》（清《きよ》盛《もり》末弟）、通盛《みちもり》（清盛の甥）、経正《つねまさ》（清盛の甥）、業盛《なりもり》（清盛の甥）、敦盛《あつもり》（清盛の甥）、知章《ともあきら》（清盛の孫）、師盛《もろもり》（清盛の孫）らの一門が戦死している。また、平氏軍の侍大将《さむらいだいしょう》であった平盛俊《もりとし》も戦死した。盛俊は清盛の側近であり「彼の家、第一の勇士なり」（『玉葉《ぎょくよう》』寿永二年六月五日条）といわれた譜代の家人であった。

延慶本『平家物語』によれば、盛俊は逃げ延びることはできないと悟ったために留まって戦っていたが、鎌倉軍の猪俣則綱《いのまたのりつな》と組み合って馬から落ちてしまった。盛俊は「大力」の者であったために則綱を組み伏せた。則綱は名乗ったうえで盛俊に次のように語りかけたという。

　和殿ノ軍ハ落軍ニナレバ、平家ノ打勝給ワム事有難シ。サレバ則綱ヲ打テ何ガハシ給ベキ。主ノ世ニオワセバコソ勧賞《けんじょう》勲功ニモ預ラメ。殿原《とのばら》ハ落人ゾ。則綱ヲ命ヲ生給タラバ、兵衛佐殿《ひょうえのすけどの》ニ申、和殿ノ親キ人共ノ有ムカギリハ、何十人モアレ、助ケ申サムズルハイカニ。

（第五本「越中前司《えっちゅうぜんじ》盛俊被討事」）

図6　平盛俊塚（兵庫県神戸市長田区）

則綱は「あなた方は敗走しており平家が勝つことはないでしょう。そうであれば則綱を討ってどうなさるのでしょう。主人が世にいらっしゃるからこそ論功行賞に預かるのです。あなたは落人です。則綱の命を生き長らえさせたならば、頼朝殿に申し上げてあなたの親族を何十人であってもお助け申しますが、どうでしょうか」と述べた。則綱は頼朝への取り成しを交換条件にして自らの助命を求めたのである。

図７　平盛俊を討った猪俣則綱（『平家物語絵巻』巻第９（下）盛俊最期の事（三），林原美術館所蔵，林原美術館／DNPartcom 提供）

そこで盛俊は「自分は平家の侍で越中前司盛俊である」と名乗ったうえで、「自分は子どもがたくさんおり、女子・男子で二十余人になる。ならばお助けください」と応じた。則綱は「自分を助けた人をお助け申し上げないことがあろうか。八幡大菩薩《はちまんだいぼさつ》の罰が当たりましょう」とも言ったために、盛俊は則綱の誘いに乗って助けることにした。しかし、そこに鎌倉軍の人見四郎《ひとみしろう》がやって来ると、則綱は「人見四郎を待ってから盛俊を討ったならば、『二人で討ったのだ』と言われる」と思案したために、すぐに油断していた盛俊を深田に突き落としたうえで首を掻き切ってしまったという。

このように、『平家物語』では平盛俊は組み伏せた猪俣則綱を助けたために、則綱に約束を反故にされて討たれたと語られている。佐伯真一氏は、鎌倉方の武士の勲功談が『平家物語』に取り入れられたものであり、功名争いにかける武士の執念が描き出されていると指摘している。また、則綱の武功談として戦場における「だまし討ち」が肯定的に描かれているとする［佐伯二〇〇四］。

ここで注目されるのは、この逸話からは戦功への執念や「だまし討ち」への肯定的な意識とともに、武士の生への執着心がうかがえることである。則綱は盛俊をだまし討ちにすることで戦功を挙げたが、そもそも言葉巧みに交渉することにより討たれることを免れている。則綱は敵に組み伏せられても観念せずに何とか生き延びようと行動したのである。

一方で、盛俊も味方の敗北という状況を踏まえて、「主ノ世ニオワセバコソ勧賞勲功ニモ預ラメ。殿原ハ落人ゾ」という則綱の説得に応じて敵方である鎌倉軍へ投降しようとした。盛俊は結果的にだまし討ちにあったが、則綱との交渉に応じることにより大敗した味方を見限って敵方に帰参することで生き延びようとしたのである。

則綱と盛俊はともに戦場で生き延びることを第一に考えて柔軟に行動していたといえよう。この逸話からは、戦場において武士が敵を討って戦功を挙げることへの執念を持っていた一方で、自らの生への執着心を持っていたことが読み取れるのである。

戦死の忌避

老武者の証言

源頼朝《みなもとのよりとも》の御家人のなかで「武家古老」として故実《こじつ》に通じていたのが、相模国大庭御厨《おおばのみくりや》（神奈川県藤沢市）を本拠地とした大庭景能《おおばかげよし》である。景能は、保元元年（一一五六）の保元《ほうげん》の乱にも源義朝《よしとも》（頼朝の父）に従って参戦した経験をもっていた。『吾妻鏡《あずまかがみ》』によれば、建久二年（一一九一）八月に景能は新造された頼朝の御所に酒肴を献じた。千葉常胤《ちばつねたね》、小山朝政《おやまともまさ》、三浦義澄《みうらよしずみ》といった御家人たちも伺候したが、頼朝の仰せにより各々昔のことを語った。景能は保元の乱の体験談を次のように語ったという。

勇士の用意すべきは武具なり。就中《なかんずく》に、縮め用ふべきは弓箭《きゅうせん》の寸尺なり。鎮西八郎《ちんぜいはちろう》は吾朝無双の弓矢の達者なり。然《しか》れども弓箭の寸法を案ずるに、その涯分に過ぎるか。その故は、大炊御門《おおいみかど》の河原において、景能八男が弓手《ゆんで》に逢ひ、八男弓を引かんと欲す。景能潜かにおもへらく、貴客は鎮西より出で給ふの間、騎馬の時の弓聊《いささ》か心に任せざるか、景能東国においてよく馬に馴るるなりてえれば、則ち八男が妻手《めて》に馳せ廻るの時、縡《こと》相違い、弓の下を越ゆるに及び、身に中《あた》るべきの矢膝に中り訖《おわ》んぬ。この故実を存ぜずば、忽《たちま》ちに命を失ふべきか。勇士は只騎馬に達すべき事なり。

（建久二年八月一日条）

〔訳〕「勇士」が用意すべきものは武具であり、特に弓箭の寸尺が重要である。源為朝《ためとも》は我朝無双の弓矢の達人であったが、弓箭の寸法はその身の程に過ぎたものであった。大炊御門《おおいみかど》の河原において、自分は為朝の弓手（弓を持つ手、左手）側で遭遇した。為朝は弓を引こうとしたが、自分は鎮西（九州）から出てきた為朝は馬上から弓を射るのは慣れていないと考えた。自分は東国で馬に慣れていたので、すぐに為朝の妻手（馬上で手綱《たづな》を持つ手、右手）側に馳せ回った時に弓の下を越えたので身にあたるべき矢が膝にあたったのである。こうした故実を知らなければ、たちまちに命を失っていただろう。「勇士」は騎馬を上達させるべきである。

源為朝は頼朝の叔父にあたり九州で活動したために鎮西八郎と称したが、「吾朝無双の弓矢達者」とあるように弓術に優れていた。なお、為朝は父為義《ためよし》とともに崇徳《すとく》上皇方として参戦したが、兄義朝は父に廃嫡されていたために後白河《ごしらかわ》天皇方に付いていた。馬上から弓を引いて敵を狙う馳組み戦では、攻撃の死角となる敵の妻手に自らの身をおくように馬を馳せることが重要であったとされる［川合一九九六］。景能は為朝の妻手側に馬を走らせたために矢が命中せずに済んだと回顧しており、「勇士」は騎馬に熟練すべきことを説いているのである。

ここで注目されるのは、景能は「この故実を存ぜずば、忽ちに命を失ふべきか」と述べており、「故実」を知っていたがゆえに「命を失ふ」ことを避けたことが「勇士」の教訓として語られていることである。ここでは、身にあたるべき矢が膝にあったために戦死をまぬがれたことが肯定的に捉えられているといえよう。

逆櫓論争

『平家物語《へいけものがたり》』にみえる源義経《よしつね》と梶原景時《かじわらかげとき》の逆櫓《さかろ》論争はよく知られている。元暦二年（一一八五）一月、源義経は平氏追討のために四国に向けて出陣したが、出船する前の軍議の際に義経と景時は逆櫓をめぐって口論になったとされる。景時が「船の舳《へ》（前部）の方にも櫓（船を漕ぎ進める用具）を立てて、敵が強ければ舳の櫓に

図８　逆櫓の松址（大阪府大阪市福島区）

より船を押し戻し、敵が弱ければもとのように艫《とも》（船尾）の櫓により押すのがよい」と提案したのに対して、義経は「大将軍が後ろに控えて『攻めよ』とすすめても、時によっては引き退いてしまうのが、軍兵の習いである。まして前もって逃げ支度をしておくのは、何か良いことがあろうか」と批判した。景時は次にように反論したという。

軍ノ習、身ヲ全シテ敵ヲ亡《ほろぼす》ヲモッテ、謀ヨキ大将軍トハ申也。向敵ヲ皆打取テ、命ノ失ヲ不顧、当リヲ破ル兵ヲバ、猪武者トテ、アブナキ事ニテ候。
（延慶本《えんぎょうぼん》『平家物語』第六本「判官与梶原逆櫓立論事」）

景時は「戦の習いは自分の身を全うして敵を滅ぼすことをもって、はかりごとよき大将軍と申すのである。向かう敵を皆討ち取って、自分の命を失うことを顧みることなくあたりを攻撃する兵は猪武者であり危ないことである」と主張している。

船を押し戻すための逆櫓を「逃支度」として不要とする義経に対して、景時は「身ヲ全シテ敵ヲ亡《ほろぼす》」ことが大将軍の資質として重要であり、「命ノ失ヲ不顧」戦うのは猪武者であると反論している。ここで注目されるのは、景時は自らの身を全うして戦うことを大将軍の資質としており、命を顧みずに戦うことは「猪武者」であると非難していることである。景時の発言は戦死を忌避して合戦に臨むべきとする意識が前提になっているといえよう。

従者の役割

戦場では武士の従者は主人の戦闘の介助をおこなったが、主人が敵に討たれそうになったときに主人を救うのも役割のひとつであった［髙橋一九九九］。『吾妻鏡』には工藤行光《くどうゆきみつ》の郎等をめぐる逸話がみられる。工藤景光《かげみつ》・行光父子は伊豆国の有力武士であった工藤氏の一族であり、頼朝の御家人となって奥州に所領を与えられた。正治二年（一二〇〇）十月、二代鎌倉殿の源頼家《よりいえ》は行光の郎等が奥州で戦功を挙げたことを聞いて、郎等三人を召し出した。頼家は郎等が「勇士の相」を備えているとして一人を御家人に加えようとしたが、行光は次のように述べて固辞したという。

平家を追罰せられてより以降、亡父景光戦場に赴き、万死に入り一生に出づる十ヶ度、その間多く以て、彼等の為に命を救はるるなり。行光又家業を継ぐなり。しかるに御讎《しゅうてき》敵を退治せらる日、上においては我朝勇士、悉《ことごと》く以て御家人たり。行光は僅かに恃《たの》む所この三輩なり。（『吾妻鏡』正治二年十月二十一日条）

〔訳〕平家追討の戦争以降、亡父景光は戦場に赴いて万死に一生を得ること十回である。その間多くは、彼ら郎従のために命が救われたのである。行光は家業を継いだ。仇敵を退治なさるときに、鎌倉殿においては我朝の勇士はことごとく御家人になっているが、行光はわずかに頼りにするのはこの三人だけである。

行光は鎌倉殿が勇士をことごとく御家人としているのに対して、自分が頼りにするのは三人の郎等だけであると述べて頼家の要求を断った。頼家は行光が申すところは理にかなっていると納得したという。行光は亡父景光が戦場で万死に一生を得ることができたのは郎等によって命を救われたからと発言している。郎等は戦場で主人の戦死を避けるべく行動したのであり、そうした郎等の役割が高く評価されていたことがうかがえよう。

戦傷の評価

前述したように、大庭景能は保元の乱で身にあたるべき矢が膝にあったために戦死をまぬがれたことを肯定的に語ったが、そのときの戦傷によって歩行が不自由になった。文治五年（一一八九）七月に、源頼朝は朝廷から藤原泰衡《ふじわらのやすひら》追討の宣旨《せんじ》が得られないまま奥州合戦を強行したが、その際に景能は「軍中将軍の令を聞き、天子《てんし》の詔を聞かず」という中国の『史記《しき》』の言葉を引用して、朝廷の許可なく出兵することに問題はないと進言した。頼朝は景能の意見に感心して御厩の馬を与えたが、その際に馬を引く役をつとめた結城朝光《ゆうきともみつ》は縄を建物の縁にいた景能の前に投げた。景能は「吾老耄《ろうもう》の上、保元合戦の時、疵《きず》を被るの後、行歩進退ならず」と述べて、朝光の配慮に感謝したという（『吾妻鏡』文治五年六月三十日条）。

また、建久六年の東大寺《とうだいじ》供養に頼朝が参列した際に景能も供奉《ぐぶ》したが、『吾妻鏡』には「弓手鐙《あぶみ》ハスコシミシカシ、保元ノ合戦ノ時イラル、故也」（建久六年三月十日条）と注記されており、弓手の鐙（鞍《くら》にかける馬具）は少し短いこと、それは保元の合戦のときに射られたためであることが特筆されている。これらの記事からは景能が保元の乱で射られて傷を負ったことを恥とは思わずに名誉であると意識していたことがうかがえよう。

このことに関連して注目されるのは、『吾妻鏡』承久三年（一二二一）六月十八日条に引用されている宇治川《うじがわ》合戦における鎌倉方の「交名《きようみよう》」（人名を書き連ねた文書）である。承久の乱では宇治川で鎌倉方と京方が激戦となり、鎌倉方も多数の死傷者を出した。交名では「六月十四日宇治合戦敵を討つ人々」、「六月十三日十四日宇治橋合戦手負の人々」、「六月十四日宇治橋合戦河を越し懸かる時御方の人々死する日記」の順にそれぞれに該当する武士の名が挙げられている。交名は勲功賞のために戦功をまとめたものであり、戦功としては（1）敵を討つこと、（2）戦傷を負うこと、（3）戦死することの順に評価されたと考えられる。戦傷を負うことが戦死することよりも評価されていることは、景能の回顧談と合致する。戦功としては戦傷よりも戦死が評価されたと考えられがちであるが、実際には戦死することよりも戦傷を負って生還することの方が評価されたと考えるのが妥当であろう。

藤本正行氏は、近代国家の軍司令官は自軍の損害に対する私的負担から解放されていたのに対して、戦国大名は合戦での損害を自力で補塡しなければならず、一度の戦いで損害を顧みず兵を用いることなど許されなかったと指摘している〔藤本正行『信長の戦争』講談社学術文庫、二〇〇三年、初出一九九三年〕。戦国大名は自軍の兵士の戦死者がなるべく少なくなるように戦争をおこなっていたのであり、合戦の際に自軍の損害を最小限にしようとしたのは、治承・寿永の内乱においても同様だったのではないだろうか。

以上みてきたように、武士は戦場では生への執着心をもって行動しており、戦死することを忌避していた。合戦では「身ヲ全シテ」戦うことが武士の資質として評価されており、傷を負ったとしても戦死を免れて生還したことが「勇士」の教訓として語られた。また、戦功としては戦死よりも戦傷の方が評価された。これらのことを踏まえれば、戦死が「最高の戦功」とされたとする見解は成り立ちがたいといえよう。

また、戦功として戦死よりも戦傷が評価されたのであれば、武士が自らの戦死を「子孫の勲功」にしようと意識して行動することもなかったと考えられる。こうしたことを前提にしたうえで内乱の戦死者について検討していきたい。

首のゆくえ

首を取る

首を掻く

前述したように、生田《いくた》の森《もり》・一《いち》の谷《たに》合戦では鎌倉軍の猪俣則綱《いのまたのりつな》が平氏軍の平盛俊《たいらのもりとし》を「だまし討ち」にしたが、延慶本《えんぎょうぼん》『平家物語《へいけものがたり》』では、その後の則綱の行動が次のように語られている。

カヽル処ニ人見《ひとみ》ノ四郎馳来《しろうはせきたり》テ、此頸《くび》ヲバイトリテ、勧賞《けんじょう》ニ行ワレバヤト思ケレバ、此頸ヲバイケリ。則綱ハ一人ナリ、人見ハ多勢ナリ。無力バワレケレバ、片耳ヲカキ、リテ取テケリ。頸ノ実検《じっけん》ノ所ニテ、人見四郎、「盛俊《もりとし》ガ頸」トテ指出タリケレバ、則綱ス、ミ出テ、「アノ頸ハ則綱ガ取テ候」ト申。「人見ハ眼前ニ頸ヲ持タリ。則綱取タリト申事不審也。子細何ニ」ト御尋アリ。則綱申ケルハ、「アノ頸ニハ左ノ耳ヨモ候ワジ。其故ハ、則綱ガ取テ候シヲ、人見多勢ニテバイトリ候シ間、則綱ハ一人ニテ候、無力被取候シ間、左ノ耳ヲ取テ以テ候」ト申テ、耳ヲ指出シテケリ。実ニ頸ニハ左耳ナカリケリ。則綱ガ指合《さしあい》テミレバ、同耳ニテ有ケリ。「サテ則綱取テケリ」トテ、則綱ガ頸ニゾ定リケル。

（第五本「越中前司《えっちゅうぜんじ》盛俊被討事」）

〔訳〕鎌倉軍の人見四郎がやって来て「首を奪い取って恩賞を受けよう」と思って則綱から首を奪ってしまった。則綱はひとりであり人見は多勢であったために抵抗できなかったので、則綱は盛俊の首から片耳を掻き切っておいた。首実検の場において、人見四郎は盛俊の首を差し出したが、則綱が進み出て「あの首は則綱が取ったものです」と言上した。「人見は目の前に首を持っている。則綱が取ったと申すことは不審である。詳しくはどうなっているのか」と尋問されると、則綱は「あの首には左の耳がないでしょう。その理由は則綱が首を取りましたものを、人見が多勢にて奪い取りましたが、則綱は一人でしたので取られてしまいましたので、左の耳を取っておいたのです」と説明したうえで耳を提出した。実際に盛俊の首には左耳がなく則綱が差し出した耳と合致した。「それでは則綱が取ったものである」となって、盛俊の首は則綱が取ったものと認定されたという。

図9　首を掻く（『平治物語絵巻』個人蔵）

敵の首を討ちとったことは戦功として評価されたために、武士は合戦で敵の首を取ることに執心した。佐伯真一氏は、戦場の現実をグロテスクなまでに反映する記事であり、功名にかける武士の執念が描き出されているとする［佐伯二〇〇三］。なお、人見四郎が首を奪って自分の勲功にしようとしたように、他人が取った首を奪うことを奪首《ばいくび》という。また、則綱が左耳を切り取ることにより自分が取った証拠にしたように、自分が首を取った証拠を残すことを跡《あと》付《づけ》という。この逸話からは、治承・寿永の内乱において奪首や跡付といった戦場の習慣がすでに存在したことがうかがえる［佐伯二〇〇三］。

則綱は盛俊を深田に突き落としてその首を掻き切ったとされているが、合戦では敵の首は相手を組み敷いて喉の方から掻いた［黒田一九八八］。延慶本

『平家物語』では、石橋山《いしばしやま》合戦で頼朝《よりとも》軍の佐奈田義忠《さなだよしただ》が敵方の長尾定景《ながおさだかげ》によって討たれたようすを「与一ガ胡録《やなぐい》ノアワヒニヒタト乗居テ、甲ノテヘンノ穴ニ手ヲ指入テ、ムズト引アヲノケテ、佐奈多ガ頸ヲカキケレバ、水モサワラズ切レニケリ」（第二末「石橋山合戦事」）と描写している。定景は義忠を組み敷いたのちに義忠の兜の上の穴に指を入れて引き上げて、喉から首を掻き切ったとされている。平治の乱を主題とした『平治物語絵巻《へいじものがたりえまき》』にも敵の首を掻く場面がみられる〔黒田一九八八〕。

図10　阿津賀志山の防塁（福島県国見町）

合戦で討たれた首はどのように扱われたのだろうか。戦死者の首のゆくえについてみていきたい。

首実検　合戦が終わると敵の首を確認する首実検がおこなわれた。治承四年（一一八〇）八月の頼朝挙兵時の山木《やまき》合戦では、源頼朝は北条館《ほうじようやかた》（静岡県伊豆の国市）に留まって武士たちを山木館に出撃させた。『吾妻鏡《あずまかがみ》』には「帰参の士卒等庭上に群居す。武衛《ぶえい》縁において兼隆《かねたか》主従の頸を覧る」（治承四年八月十七日条）とあり、帰参した武士たちが居並ぶなかで、頼朝が建物の縁で兼隆主従の首を確認したとされている。

また、文治五年（一一八九）の奥州合戦では、頼朝は八月十一日に船迫宿《ふなばさま》（宮城県柴田町）で藤原国衡《ふじわらのくにひら》の首実検をおこなった（『吾妻鏡』同日条）。国衡は泰衡《やすひら》の異母兄であり、前日に阿津賀志山《あつかしやま》（福島県国見町）の合戦で討ち取られていた。畠山重忠《はたけやましげただ》が国衡の首を持参したのに対して、和田義盛《わだよしもり》は「国衡は義盛の矢があたって落命したので重忠の勲功ではない」と発言した。重忠は首を持参したゆえに疑うところはないと主張したが、義盛は国衡の兜には自らが放った矢が命中したと反論した。その後、国衡の兜に矢の跡があることが確認されたために義盛の主張は認められたが、重忠が自らは矢を放たなかったことを認めたためにその清廉潔白な性格も評価されたという。首実検では敵の首を確認するとともに、首を取った人物の戦功が確認されたのである。ちなみに十三世紀後半におこったモンゴル襲来を主題とする絵巻物である『蒙古襲来絵詞《もうこしゅうらいえことば》』には、首実検の際に記録をとっているようすが描かれている。

治承・寿永の内乱では、首が鎌倉や京都に運搬されたうえで首実検がおこなわれることもあった。養和元年（一一八一）九月に源頼朝は下野国（栃木県）の足利俊綱《あしかがとしつな》を滅ぼした。俊綱は藤原秀郷《ひでさと》を先祖とする武士である。俊綱の家人桐生六郎《きりゆうろくろう》は主人を裏切って殺害したうえで、その首を鎌倉に持参した。頼朝は俊綱の首を鎌倉のなかには入れずに、腰越《こしごえ》（神奈川県鎌倉市）に運ぶように命じた。

ついで実検を加へらるべきに依りて、俊綱の面を見知るの者之有るかの由《よし》尋ね仰せらる。しかるに只今伺候《しこう》の衆においては、合眼せざるの由之を申す。爰《ここ》に佐野七郎《さのしちろう》申して云《いわ》く、下河辺四郎政義《しもこうべしろうまさよし》常に対面を遂ぐと云々。之を召さるべきかと云々。仍《よ》って召し仰すの間、政義実検を遂げ帰参せしめ、申して云く、首を刎《は》ねて後、日数を経るの故、其面殊《こと》に改め変ぜしむと雖《いえど》も、大略相違無しと云々。

（『吾妻鏡』養和元年九月十六日条）

首実検をおこなうにあたって、頼朝は俊綱の顔を見知っている者がいないかと尋ねたが、今伺候している武士たちは対面したことがないと申し出た。そこで佐野七郎が下河辺政義は俊綱と対面したことがあるので召し出されるべきであると発言した。そこで政義を召し出して首実検をさせたところ、政義は頼朝のもとに戻ってきて、「首を刎ねてから日数を経ているために、その面貌は変わってしまっているが、ほぼ俊綱に間違いはない」と報告したという。

このように足利俊綱の首実検では、対面したことがある武士を召し出して、俊綱の首であることを確認している。九月であるために首の腐敗がすすんでいたようだが、本人の首に間違いないと判断された。首の確認は面貌を知る人物を召し出すことによって入念におこなわれたのである。

なお、首実検がおこなわれた腰越は鎌倉の西の出入口にあたる。鎌倉の境にあたる地は商業地域であり人々が多く集まる場だったために罪人を処刑する刑場となった［石井進「鎌倉に入る道・鎌倉のなかの道」『鎌倉武士の実像』平凡社、二〇〇二年、初出一九八一年］。鎌倉の周縁部は処刑、首実検、梟首《きょうしゅ》といった死にまつわる場だったのである。

笹間良彦氏は、首実検はもともと確認の意味が強かったが、時代が下るにつれて儀式化していったと指摘している［笹間良彦『武家戦陣資料事典』第一書房、一九九二年］。入間田宣夫氏は、首実検の作法において視線が配慮されたことに注目されており、首実検を〈見る〉という行為の所有、支配、占有という意味性を体現する儀礼であると評価する［入間田宣夫「中尊寺金色堂の視線」『中世武士団の自己認識』三弥井書店、一九九八年、初出一九九四年］。また、生嶋輝美氏も、中世後期の首実検について分析したうえで、「勝者が敗者に対面する」という儀式性の強い行為であると捉えている〔生嶋輝美「中世後期における「斬られた首」の取り扱い」『文化史学』五〇号、一九九四年〕。

足利俊綱の首実検の場合には頼朝自身は首と対面することはなく、俊綱の面貌を知る者に本人の首であることを確認させている。俊綱の首実検では勝者と敗者の対面という儀式としての要素は希薄である。治承・寿永の内乱においては首実検が敵の首が本人であることを確認するという軍事上の目的によりおこなわれたことを確認しておきたい。

首の運搬

首はどのように運ばれたのだろうか。文治二年（一一八六）五月、源行家《ゆきいえ》は鎌倉方の常陸坊昌明《ひたちぼうしょうめい》によって和泉国（大阪府南部）で捕縛された。行家は頼朝の叔父にあたるが、義経《よしつね》とともに頼朝に反旗を翻して逃亡していたのである。延慶本『平家物語』によれば、行家は山城国赤井河原《あかいがわら》（京都府京都市伏見区）で斬られて、その首は鎌倉に送られたという。「コ、ニテ首ヲ刎テケリ。首ヲ損ゼジトテ、脳ヲ出シテ、頭ノ中ニ塩ヲコミテゾ持セケル」（第六末「十郎蔵人行家被搦事付人々被解官事」）とあり、行家の首は腐敗を遅らせるために脳を取り出して塩を詰めたうえで運ばれたとされている。大変凄惨な描写であるが、首の腐敗を遅らせる処置がなされたことがうかがえよう。

行家とともに頼朝に反旗を翻した義経は陸奥国平泉《ひらいずみ》（岩手県平泉町）を本拠地とした奥《おう》

図11　平清宗の胴塚（滋賀県草津市）

州《しゅう》藤原氏《ふじわらし》のもとに潜伏していたが、文治五年閏四月三十日に藤原泰衡《やすひら》によって自害に追い込まれた。六月十三日、義経の首は泰衡の使者である新田高平《にったたかひら》によって腰越に運ばれた。頼朝は和田義盛と梶原景時《かじわらかげとき》を派遣して首実検をおこなったが、義経の首は黒漆の櫃《ひつ》に納められて酒に浸されていたという（『吾妻鏡』同日条）。義経の首は酒に浸すことで腐敗を遅らせる処理がなされたうえで、平泉から鎌倉まで運搬されたのである。このように、首の腐敗がすすむと面貌の確認が困難になるために、首の運搬時には酒や塩を用いて防腐処理が施された。

元暦二年（一一八五）に壇《だん》ノ浦《うら》合戦（山口県下関市）で生虜《せいりよ》となった平宗盛《たいらのむねもり》・清宗《きよむね》父子は鎌倉に護送されたのちに、義経に伴われて西上した。延慶本『平家物語』では、清宗は斬刑を免れることを期待する父宗盛と対比して描かれており、「カクアツキ比《ころ》ナレバ、頸ノ損ゼヌヤウニ計《はからひ》テ、京近クナリテ斬レンズル」（第六本「大臣殿父子幷重衡《しげひら》卿京へ帰上事付宗盛等被切事」）と覚悟したとされている。清宗は暑い時期であるので首がいたまぬように京都の近くで斬られるであろうと考えたのである。宗盛は近江国（滋賀県）篠原《しのはら》（滋賀県野洲市）で、清宗は野路《のじ》（同県草津市）でそれぞれ斬られて（『吾妻鏡』同年六月二十一日条）、その首は京都に運ばれた。父子の首は六条《ろくじよう》河原《がわら》で検非違使《けびいし》に渡されたが、その際に桶に入れられていたという（『吉記《きつき》』同年六月二十二日条）。

首をめぐる意識

武士は敵の首を求めて戦ったが、先行研究では首をめぐる武士の意識についてどのように捉えてきたのだろうか。黒田日出男氏は『平家物語』にみえる「首斬り懸けさせ、軍神《いくさがみ》に祭り」という言葉に注目したうえで、武士は軍神に戦勝を祈願するために「生贄《いけにえ》」として敵の「生首」を求めたとする［黒田一九八八］。

また、五味文彦氏も武士が首を切り集める行為に狩猟民の感覚を見出そうとしており、首は戦の神への捧げ物であったとする［五味一九九二］。黒田氏や五味氏は、武士が首を求めたのは単に戦功を証明するためだけではなかったと捉えており、軍神への「生贄」という心性を見出そうとしている。

一方で、笹間良彦氏は「軍神に祭る」とは祭壇を作って軍神に犠牲としてささげたものではなく、心理的に軍神に犠牲を捧げたと認識しただけであるとする［笹間良彦『武家戦陣資料事典』第一書房、一九九二年］。また、佐伯真一氏も首を取る行為の起源はともかくとして平安末期の武士たちにとって首を取る目的はほとんど功名にあったと捉えている［佐伯二〇〇三］。また、敵の首を取ることを「軍神をまつる」と称していると読むことも可能であり儀礼の実態は不明であるとする。また、佐伯氏は平安末期の合戦において敵の首は功名の手段としての「もの」として扱われていたと指摘している［佐伯二〇〇三］。

前述したように、生田の森・一の谷合戦で猪俣則綱は平盛俊に助命を求めて交渉したが、その際に「サレバ則綱ヲ打テ何ガハシ給ベキ。主ノ世ニオワセバコソ勧賞勲功ニモ預ラメ」と発言したと描かれている。自軍が敗北していた盛俊は交渉に応じたが、それは則綱の言葉が説得力をもったためであろう。二人の交渉は自らの主君が敗北していれば勲功賞には預かれないので敵の首を取って戦功を挙げたとしても意味がないとする認識が前提になっている。佐伯氏が指摘するように、武士が敵の首を求めた目的はほぼ戦功を挙げることにあったと考えるのが妥当であろう。

ここで注目されるのは、平師盛《もろもり》の首をめぐる逸話である。師盛は清盛《きよもり》の長子重盛《しげもり》の子息であり、生田の森・一の谷合戦で戦死した。延慶本『平家物語』によれば、師盛は鎌倉軍の河越重頼《かわごえしげより》の郎等によって討たれたという。

長刀ニテ頸ヲ切ニ、悪ク打テヲトガヒヲドウニ付タリ。頸ヲ取テ人ニミスルニ、「小《こ》松殿《まつどの》ノ末ノ御子、備中守《びっちゅうのかみ》師盛」ト申ケレバ、「吉人ニコソ」トテ、又立還《たちかえり》テヲトガヒヲ取テ、頸ニツケテゾ渡シケル。（延慶本『平家物語』第五本「備中守沈海給事」）

重頼の郎等は長刀で師盛の首を切ったために、「おとがい」（下あご）が胴に付いたままになった。郎等が討ち取った首を他人に見せたところ、重盛（小松殿）の末子である師盛だとわかった。そのため、郎等は「良い人である」と思って立ち戻ったうえで、「おとがい」を取って首に付けて提出したという。

郎等は討ち取った首が「吉人」（＝戦功として評価される人物）だったので、戦功の証明のためには首が欠損しているのは良くないと考えて「おとがい」を取りに戻ったのである。

佐伯氏が指摘するように、武士にとって敵の首は戦功を証明する「もの」にすぎなかったと考えるべきである。こうした武士の行動からは敵の首への畏怖の念や、敵の首を軍神にささげるといった心性を読み取ることは難しいのではないだろうか。

首が特別な部位として意識されたことは否定できないが、武士が敵の首を求めたことは自らの戦功の証明という軍事的な問題として捉えるべきであり、軍神への生贄といった心性はそれほど重視すべきでないといえよう。

首をさらす

首を懸ける

生田《いくた》の森・一《いち》の谷《たに》合戦後には「可然人々ノ首、竹結渡テ取カケタリ」（延《えん》慶本《ぎょうぼん》『平家物語《へいけものがたり》』第五本「平家ノ人々ノ頸共取懸ル事」）とあり、討ち取られた平氏一門の首は竹に結ばれて戦場に懸けられたとされる。

治承四年（一一八〇）十月の鉢田《はちだ》合戦では甲斐源氏《かいげんじ》の軍勢が平氏方の長田入道《おさだにゅうどう》の子息らを討ち取ったが、「酉刻、彼頭富士野《かのくびふじの》の傍伊堤《いで》の辺に梟《さら》す」（『吾妻鏡《あずまかがみ》』同年十月十四日条）とあるように、やはり合戦直後に戦場で首がさらされている。

合戦で討ち取られた首は戦場でさらされたが、梟首《きょうしゅ》することは「首を懸ける」とも表現された。十四世紀半ばの制作とされる『後三年合戦絵詞《ごさんねんかっせんえことば》』は平安時代におこった後三

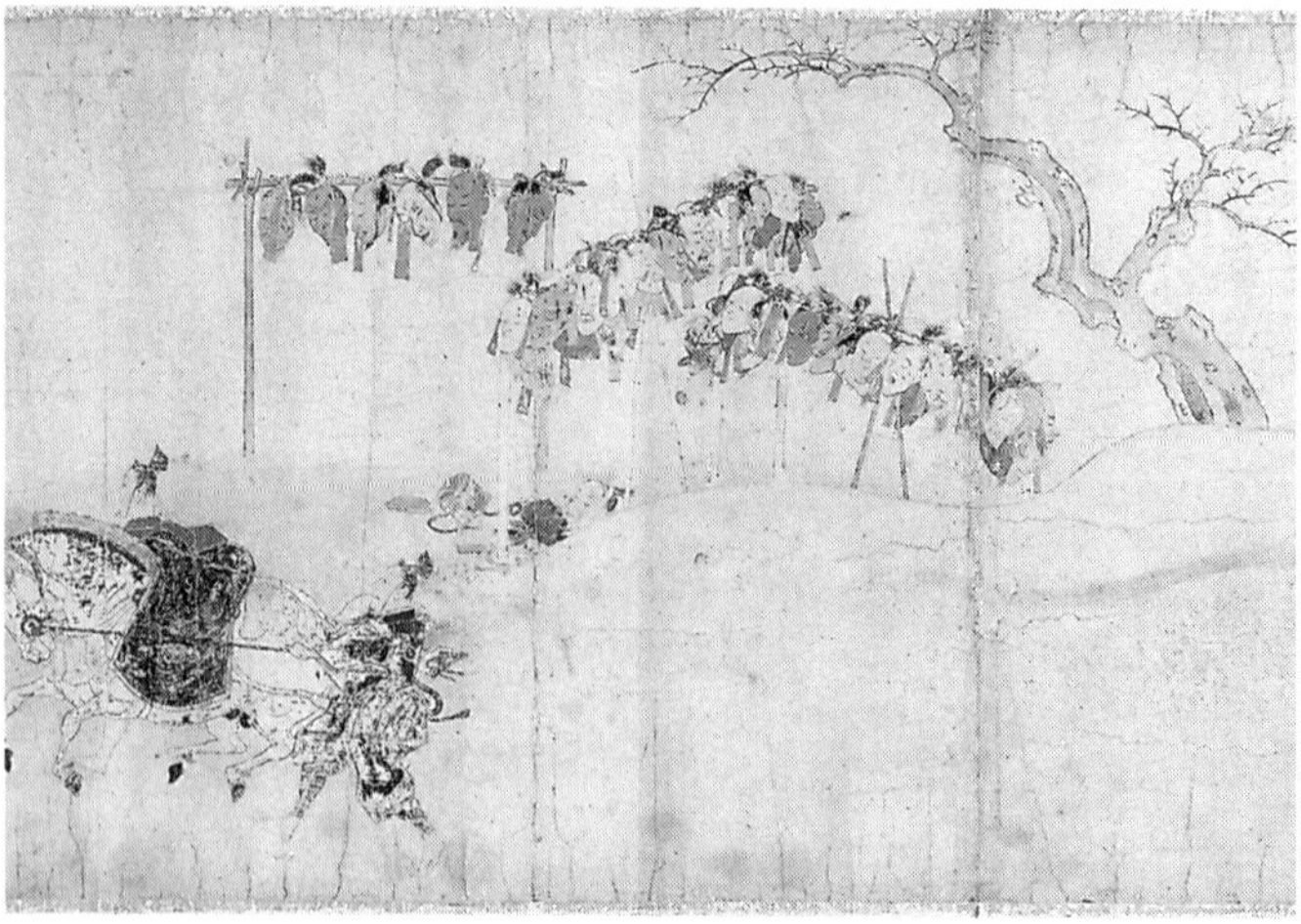

図12　梟首（『後三年合戦絵詞』東京国立博物館所蔵）

年合戦を主題とする絵巻物であるが、討ち取られた首が懸けられている場面がある。そこでは首は赤い紐で髻《もとどり》を結わえられており、姓名を記した首札が付けられている［黒田一九八八］。

一方で、治承《じしょう》・寿永《じゅえい》の内乱では合戦で討ち取られた首が鎌倉や京都に運ばれたうえでさらされることもあった。寿永二年（一一八三）二月、下野国（栃木県）で志太《しだ》義広《よしひろ》が蜂起したが、源《みなもとの》頼朝《よりとも》は小山朝政《おやまともまさ》や下河辺《しもこうべ》行平《ゆきひら》らを派遣して鎮圧した。頼朝の叔父にあたる義広は常陸国信太荘《しだのしょう》（茨城県稲敷郡西部・土浦市南部など）を拠点として活動していた。

晩に及び朝政使また参上す。先生伴党

の頸相具《ぐ》すの由《よし》言上す。仍《よ》って三浦介義澄《みうらのすけよしずみ》・比企四郎能員《ひきしろうよしかず》等に仰《おお》せて彼首を腰越《こしごえ》に遣はされ、之を梟さると云々。（『吾妻鏡』治承五年閏二月二十七日条）

小山朝政の使者が鎌倉に到着して義広従者の首を持参したことを報告したために、頼朝は三浦義澄と比企能員に命じて首を腰越《こしごえ》でさらさせた。義広従者の首は、下野国の戦場から鎌倉に運ばれたうえで、鎌倉の西の出入口にあたる腰越でさらされたのである。なお、志太義広の蜂起については、『吾妻鏡』では治承五年（養和元年、一一八一）のこととしているが、実際には寿永二年のできごとと考えられている［石井進「志太義広の蜂起は果して養和元年の事実か」『鎌倉武士の実像』平凡社、二〇〇二年、初出一九六二年］。

釘を打つ

梟首の際には首に釘を打ち付けることもあった。『吾妻鏡』には奥州合戦で討たれた藤原泰衡《やすひら》の梟首についての詳細な記事がある［川合康「奥州合戦ノート」『鎌倉幕府成立史の研究』校倉書房、二〇〇四年、初出一九八九年］。

泰衡は鎌倉軍の侵攻を受けて平泉から逃亡したが、九月三日に家人の河田次郎《かわだじろう》に裏切られて殺害された。九月六日に河田は泰衡の首を頼朝の陣所に持参した。泰衡の首は梶原景《かじわらかげ》時《とき》、和田義盛《わだよしもり》、畠山重忠《はたけやましげただ》によって実検がおこなわれ、囚人の赤田次郎《あかだじろう》によって泰衡本人であることが確認された。その後、泰衡の首は頼朝の陣所でさらされた。

泰衡の首を懸けらる。康平五年九月、入道将軍家頼義貞任《よりよしさだとう》の頸を獲るの時、横山野大夫経兼《よこやまののたいふつねかね》の奉として、門客貞兼《もんかくさだかね》を以て、件の首を請取らしめ、郎従惟仲《これなか》をして之を懸けしむ〈長八寸の鉄釘を以て之を打ち付くと云々〉。件の例を追ひて、経兼曽孫小権守時広《ごんのかみときひろ》に仰《おお》す。時広子息時兼《ときかね》を以て、景時の手より、泰衡の首を請け取らしむ。郎従惟仲後胤七太広綱《ひろつな》を召し出し之を懸けしむ〈釘彼時の例に同じと云々〉。

（『吾妻鏡』文治五年九月六日条）

〔訳〕泰衡の首を懸けられた。康平五年（一〇六二）九月に源頼義《よりよし》が安倍貞任《あべのさだとう》の首を取った時には、横山経兼《よこやまつねかね》に命じて門客の貞兼に首を受け取らせて、郎従の惟仲に首を懸けさせた。長さ八寸（約二四センチメートル）の鉄釘によって首を打ち付けたということである。この先例にならって、頼朝は経兼の曽孫である時広《ときひろ》に命じてその子息時兼に景時の手より泰衡の首を受け取らせた。郎従惟仲の子孫である広綱を召し出して泰衡の首を懸けさせた。釘は先例と同じということである。

康平五年九月に、頼朝の先祖にあたる源頼義は安倍貞任を討ってその首をさらしたが、泰衡の梟首は頼義による貞任の梟首を前例としておこなわれた。貞任の梟首では、頼義が横山経兼に命じて貞兼に首を受け取らせて惟仲が首をかけており、長さ八寸の鉄釘が打ち付けられた。頼朝は横山時広（経兼の子孫）に命じて時兼に首を受け取らせて、広綱（惟仲の子孫）に首を懸けさせたが、釘の長さも同じであったという。泰衡の梟首は、頼朝が頼義の正統な後継者であることを御家人たちに政治的に演出する場としても機能したのである［川合一九九六］。

奥州藤原氏によって創建された中尊寺《ちゅうそんじ》（岩手県平泉町）には、泰衡の首のミイラが伝来している。泰衡の首のミイラには、殺害されたときや首が切断されたときの刀傷とともに、眉間に釘を打ち付けられた穴が残っている［鈴木尚『骨〈改訂新版〉』学生社、一九九六年］。首のミイラは梟首の際に釘が打ち付けられたことが事実であったことを物語っている。頼朝は遠隔地であるうえに泰衡は貴人ではなく相伝の家人《けにん》であるとして、泰衡の首を京都には送らなかった。そのために首は中尊寺に納められて供養されたのであろう。

平重衡《たいらのしげひら》は生田の森・一の谷合戦で生虜《せいりよ》となったが、壇ノ浦合戦後に身柄を南都《なんと》の衆徒《しゅと》（寺院の僧侶集団）に引き渡された。重衡は平氏軍の中核を占めており南都攻めの指揮官だったためである。元暦二年（一一八五）六月二十三日、重衡は木津《きづ》（京都府木津川市）で斬られて、その首は奈良坂《ならざか》（奈良県奈良市）に懸けられた（『玉葉《ぎょくよう》』同日条）。延慶本『平家物語』では、その梟首について次にように記述している。

追討の状況	延慶本『平家物語』の章段
河内国で源貞弘に殺害される	第三本「武蔵権守義基法師首被渡事」
近江国粟津で鎌倉軍に討たれる	第五本「義仲等頸渡事」
摂津国一の谷・生田の森で鎌倉軍に討たれる	第五本「平氏頸共大路ヲ被渡事」
近江国篠原，野路で斬られる	第六本「宗盛父子ノ首被渡被懸事」

中将《ちゅうじょう》ノ首ヲバ南都ノ衆徒ノ中へ送リタリケレバ、大衆請取テ、東大寺《とうだいじ》興福寺《こうふくじ》ノ大垣《おおがき》ヲ三度引廻《ひきまわし》テ、法花寺《ほっけじ》ノ鳥居ノ前ニテ鉾《ほこ》ニ貫テ、高ク指上テ人ニ見セテ、般若寺《はんにゃじ》ノ大卒塔婆《そとば》ニ釘付ニゾシタリケル。

（第六本「北方重衡ノ教養シ給事」）

重衡（中将）の首は南都の衆徒のもとへ送られたので、大衆（衆徒と同義）が受け取って、東大寺と興福寺の築地《ついじ》を三度引きまわした。首は法華寺《ほっけじ》の鳥居の前で鉾に貫いて人々に見せたうえで、般若寺の大卒塔婆に釘付けにされている。重衡の首もまた人々がみている前で釘を打ち付けられてさらされたのである。

大路を渡す

大路渡《おおじわたし》とは、反乱をおこした人物の首が京都に送られたのちに、大路を渡されたうえで獄門《ごくもん》の木に懸けられることである［黒田一九八八・菊地一九九三］。首は鴨川《かもがわ》の河原で追討した武士から検非違使《けびいし》へと受

図13　治承・寿永の内乱における大路渡

	大路渡の年月日	首を渡された人物
①	治承５年（1181）２月９日	石川義基
②	寿永３年（1184）１月26日	木曾義仲
③	寿永３年（1184）２月13日	平通盛・忠度・経正・知章・師盛・業盛ら
④	元暦２年（1185）６月22日	平宗盛・清宗

け渡されて、大路で人々の視線にさらされながら運ばれた［黒田一九八八］。反乱者を獄門の木に梟首することが、朝廷による刑罰としておこなわれたのである［戸川二〇一五］。治承・寿永の内乱では、短期間に四回にわたって大路渡がおこなわれている。

大路渡の起源は、前九年《ぜんくねん》合戦で源頼義によって討たれた安倍貞任の首の入京であり、「皇威」の象徴として京都の人々に記憶されたという［川合康「鎌倉幕府の草創神話」『院政期武士社会と鎌倉幕府』吉川弘文館、二〇一九年、初出二〇一一年］。

一方で、首の入洛は穢《けが》れをもたらすとも考えられた。大村拓生氏は、大路を渡す際には天皇の居所が避けられたことや十一世紀後半以降に衰退していた右京の西獄《さいごく》が梟首の場所とされたことに注目して、首の入洛は穢れとして忌避されたと指摘している［大村一九九〇］。さらに、平治の乱後の源義朝《よしとも》の梟首は都市として発展していた左京の東獄《とうごく》でおこなわれており、治承・寿永の内乱期にも首は東獄でさらされていることから、朝廷は左京から首の入洛を排除することができなかったと指摘する［大村一九九〇］。

治承・寿永の内乱における大路渡については、延慶本『平家物語』ではそれぞれ独立した章段を立てている（図13）。

①の石川義基《いしかわよしもと》は河内源氏《かわちげんじ》の庶流であり、治承四年冬に南都の衆徒と連携して蜂起しようとしたが、家人の源貞弘《さだひろ》によって河内国（大阪府東部）で討たれた［川合康「河内石川源氏の「蜂起」と『平家物語』」『鎌倉幕府成立史の研究』校倉書房、二〇〇四年、初出二〇〇〇年］。翌年一月六日、義基の首は貞弘によって平清盛《きよもり》のもとに持参されており、二月九日に大路を渡された。延慶本『平家物語』には「見者数不知、車馬衛衢《えく》ニ充満テヲビタ、シ。諒闇《りょうあん》ノ歳、賊首大路被渡事希也」とある。大路渡を多くの人々が見物したが、諒闇の年に首を大路に渡すことはまれであるとしている。

諒闇とは天皇が父母の死により服喪《ふくも》することであり、安徳《あんとく》天皇の父である高倉院《たかくら》が一月十四日に死去していた。九条兼実《くじょうかねざね》も「故院中陰《ちゅういん》の内其儀無きに似たり如何、但し近日の事、是非能《あた》はざるか」と記しており、高倉院の中陰（死去してから四十九日のあいだ）であるのに首が渡されたことを嘆いている（『玉葉』治承五年二月九日条）。中陰にもかかわらず大路渡が実行されたのは平清盛の意向によるものであろう。源氏一門による相次ぐ反乱を鎮圧できない緊迫した情勢であったために、源氏庶流である義基の首を反乱者として大路に渡すべきと判断したと考えられる。

図14　大路渡（『平治物語絵巻』信西巻〈部分〉，静嘉堂文庫美術館所蔵，〈公財〉静嘉堂／DNPartcom 提供）

義仲の首

②の木曾《きそ》義仲《よしなか》は、寿永三年（一一八四）一月二十日に源範頼《のりより》・義経《よしつね》率いる鎌倉軍に敗北して近江国粟津《あわづ》（滋賀県大津市）で戦死した。翌日には、義経が義仲の首を取ったことを後白河《ごしらかわ》院に報告している。一月二十二日に後白河院は九条兼実に対して諮問をおこなったが、兼実は首を渡すべきかについては「左右共事の妨たるべからず、但し理の出づる所、尤も渡さるべきか」と返答している。兼実は義仲の首を大路に渡すことは道理であると返答したのである（『玉葉』同日条）。

一月二十六日に、義仲の首は大路を渡された。延慶本『平家物語』には、次のようにある。

廿六日、伊与守義仲ガ首ヲ被渡。法皇御車ヲ六条東洞院ニタテ、被御覧。九郎義経、六条川原ニテ検非違使ノ手ヘ渡ス。是ヲ請取テ、東洞院ノ大路ヲ渡テ、左ノ獄門ノアフチノ木ニカク。首四アリ。伊予守義仲、郎等ニハ、信乃国住人高梨六郎忠直《たかなしろくろうただなお》、根井《ねのい》滋野《しげの》幸親《ゆきちか》、今井《いまい》四郎《しろう》中原《なかはら》兼平《かねひら》也。（第五本「義仲等頸渡事」）

〔訳〕義仲の首が渡された。後白河法皇は車を六条東洞院にたててご覧になられた。義経は六条河原で検非違使の手に渡した。検非違使は義仲の首を受け取って、東洞院大路を渡したうえで左の獄門のおうちの木に懸けた。首は四つあった。義仲と郎等の信濃国（長野県）の住人高梨忠直《たかなしただなお》、根井幸親《ねのいゆきちか》、今井兼平《いまいかねひら》である。義仲の首は郎等三人の首とともに大路を渡されたうえで左京の獄門の木にかけられた。それを後白河院は車に乗って六条東洞院で見学している。なお、『源平盛衰記《げんぺいじょうすいき》』には「伊予守の頸剣に貫て、赤絹を切て、賊首源義仲と銘《めい》を、書て髻に付」（巻第三十五「木曾頸被渡」）とあり、首には姓名を記した赤絹が付けられたとされる。

義仲の首の大路渡をめぐっては、後白河院が公卿に諮問をおこなったが、最終的には院の判断でなされたと考えられる。九条兼実は義仲の滅亡を「天の逆賊を罰する」（『玉葉』寿永三年一月二十日条）ものと評価している。義仲は後白河院との対立を深めたすえに軍事クーデタにより政権を掌握したために、公家社会においては首を大路に渡すべき反乱者として認識されたのである。

大路渡をめぐる対立

③の平氏一門の首は、寿永三年二月七日に生田の森・一の谷合戦で討ち取られたものである。二月九日に源義経は「平氏一族の首大路を渡さるべきの旨」を奏上するためにわずかな従者のみを率いて入京を急いだ（『吾妻鏡』同日条）。二月十日に後白河院は公卿に首の大路渡について諮問をおこなっている。平院は大路渡をすべきでないという考えであったが、範頼と義経は「義仲の首を渡され、平

氏の首を渡されざるの条、太《はなは》だその謂《いわ》れ無し」と申し入れた（『玉葉』同日条）。範頼と義経は義仲の首を渡したのに平氏の首を渡さないのは不当であると主張したのである。

一方で、九条兼実は「その罪科を論ずるに、義仲と斉《ひと》しからず。また帝の外戚等として、その身或は卿相《けいしょう》に昇り或は近臣たり。誅伐を遂げらると雖《いえど》も首を渡さるの条、不義と謂ふべし」と反対意見を述べている。兼実は平氏の罪科は義仲と同じではないとしたうえで、平氏は天皇の外戚として公卿に昇進したり近臣になったりしており、首を渡すことは不義であると主張したのである。また、兼実は「若し此首を渡されば、彼賊等弥《いよいよ》怨心を励ましむるか」と述べており、首を渡すことで平氏の恨みをかうことを危惧している。平氏軍は安徳天皇と三種の神器を擁しており、兼実は首の大路渡が神器の返還交渉に影響することを憂慮したのであろう。藤原経宗《つねむね》や中山忠親《なかやまただちか》も反対意見を述べた。

二月十一日、後白河院は範頼と義経の強い要請を受けて首の大路渡を許可した（『玉葉』同日条）。延慶本『平家物語』によれば、義経は「父義朝《よしとも》ガ首大路ヲ渡シテ獄門ニ被懸ニケリ。父恥ヲ雪《すすが》ムガ為、君ノ仰ヲ重クスルニ依テ、命ヲ惜マズ合戦仕《つかまつ》ルニ、申請所御免ナクハ、自今以後何ノ勇ニ有テカ朝敵ヲ追討スベキ」（第五本「平氏頸共大路ヲ被渡事」）と主張したという。義経は平治の乱で敗死した父義朝の首が大路を渡されて獄門に懸けられたので、父の恥を雪ぐために合戦をしたのだと主張して朝廷に大路渡の許可を迫ったのである。

二月十三日、通盛《みちもり》、忠度《ただのり》、経正《つねまさ》、知章《ともあきら》、師盛《もろもり》、業盛《なりもり》らの平氏一門の首が大路を渡された。義経は首を六条室町の邸宅に集めたうえで、八条河原で検非違使に渡した。首には姓名を記した赤札が付けられており、長槍刀に付されて渡されたという（『吾妻鏡』同日条）。九条兼実は「通盛卿の首同じく渡され了んぬ。弾指《だんし》すべきの世なり」（『玉葉』同日条）と記しており、公卿であった平通盛（清盛の弟教盛《のりもり》の子息）の首が渡されたことを強く批判している。

このように、平氏一門の首の大路渡をめぐっては、鎌倉軍の源範頼・義経と後白河院・公卿たちの間で意見が対立した。範頼と義経は義仲の首を渡したことや亡父義朝の雪辱に言及したうえで平氏一門の首を大路渡することを強く要求した。一方で、後白河院・公卿たちは平氏一門が安徳《あんとく》天皇の外戚であり公卿を輩出したことを理由にして大路渡には反対であった。平宗盛《むねもり》との三種の神器返還をめぐる政治交渉に悪影響を及ぼすことを危惧するとともに、貴族社会の一員であった平氏一門の首を反乱者として扱うことに抵抗があったのであろう。最終的には後白河院は鎌倉軍の指揮官である範頼と義経の主張に押し切られたために、平氏一門の首は大路を渡された。大路渡をめぐる対立には、朝廷の命令による公戦の形をとっているものの、私戦の原理が貫かれた平氏追討戦争の性格があらわれているのである［上横手一九八七］。

「希代の珍事」　④の平宗盛・清宗《きよむね》父子は壇ノ浦合戦で生虜となったのちに、元暦二年（一一八五）六月二十一日に近江国で斬られた。源頼朝は宗盛の首の扱いについては院の命令に従うべきという意向であったために、義経はその扱いについて後白河院に申し入れている。兼実は院の諮問に対して「勅定あるべし」と返答した（『玉葉』同年六月二十二日条）。

六月二十三日に、宗盛・清宗父子の首は大路を渡された。首は桶に納められたまま六条河原で武士から検非違使に手渡されて、鉾に付けられたうえで大路を渡されたという（『吉記《きつき》』同日条）。六条河原から東獄までの経路は、後鳥羽《ごとば》天皇の居所である閑院内裏《かんいんだいり》を避けたものであった［大村一九九〇］。一方で、後白河院は三条東洞院で大路渡を見物している。吉田経房《よしだつねふさ》は「大臣の首之を渡さる、恵美《えみ》大臣の例か、誠に希代の珍事なり」と記しており（『吉記』同日条）、内大臣であった宗盛の首が渡されたことは、奈良時代の恵美押勝《えみのおしかつ》（藤原仲麻呂《なかまろ》）の例があるものの「希代の珍事」であるとしている。

宗盛・清宗父子の首の大路渡は後白河院の判断でおこなわれたものであった。前年には平氏一門の大路渡を強く批判していた九条兼実も反対意見を述べることはなかった。寿永三年二月の段階では平氏との間で神器返還の政治交渉がおこなわれる可能性があったが、文治元年六月の段階では平氏一門はすでに滅亡していた。政治情勢の変化により公家社会の大路渡に対する姿勢も変化したのである。

大路渡の目的

反乱者の首はなぜ大路を渡されたのだろうか。先行研究によりながら大路渡の目的について確認しておきたい。康平六年の安倍貞任の首の大路渡では、貴族の源俊房《としふさ》は「於戯皇威《ああこうい》これ今に在り、更に古に恥ぢざるものか」（『水左記《すいさき》』同年二月十六日条）と記しており、貞任の首が渡されたことを「皇威」と表現している。また、嘉承三年（一一〇八）の源義親《よしちか》の首の大路渡では、藤原宗忠《むねただ》は「義親骨を山野の外に曝《さら》し、首を獄門の前に懸く、後悪の者之を見て恐れるべきか」（『中右記《ちゅうゆうき》』同年一月二十九日条）と記しており、義親が死骸を山野にさらしたうえで首が獄門の前に懸けられることにより、後悪の者が恐れることを期待している。

戸川点氏は、京都の外での戦争の際に、その追討が国家としての刑罰であったことを確認するものであり、反乱者の首をさらすことで見せしめの効果をはたしたと指摘している

〔戸川二〇一五〕。また、大村拓生氏は、首の入洛は穢をもたらすために忌避されたが、反乱者の追討を軍事貴族に委ねざるをえなかった公家政権の存在意義を示すうえで必要な行為であったとする〔大村一九九〇〕。

一方で、菊地暁氏は、大路渡とは生首をさらすことにより死の恥をかかせる儀礼化された刑法であり、死の恥は自らの意に反して死骸がさらされることであったと指摘している〔菊地一九九三〕。延慶本『平家物語』では、平宗盛の首の大路渡について「西国ヨリ帰テハ、生ナガラ七条ヲ東ヘ渡シ、東国ヨリ上テハ、死後三条ヲ西ヘ被渡。生ノ恥、死ノ恥、何モ不劣ゾミヘケル」（第六本「宗盛父子ノ首被渡被懸事」）と述べており、宗盛が生虜となって入京したことが「生ノ恥」、斬られたのちに首が大路を渡されたことが「死ノ恥」と表現されている。また、源義経も父義朝の首が大路渡されたことを「恥」であると主張した。首を大路に渡されることが恥であると認識されたことは確かであるが、大路渡の目的が死の恥をかかせることであったと捉えてよいのだろうか。

前述したように、治承・寿永の内乱では短期間に大路渡がおこなわれたが、③の平氏一門の首の大路渡をめぐっては鎌倉軍の源範頼・義経と後白河院・公卿の間で意見が対立した。公卿たちは大路渡が強行されたことを強く批判しており、公家社会は天皇の外戚として公卿を輩出した平氏一門の大路渡には否定的であった。公家社会が平氏一門の首の大路渡に反対したのは、大路渡することにより平氏一門が朝廷への反乱者として追討されたことが明示されることを避けたかったためであろう。

こうした点を踏まえれば、大路渡の政治的意義は死の恥をかかせることよりも、反乱者を追討したことを示すことにあったと考えられる。戸川氏や大村氏が指摘するように、大路渡は反乱者を追討したことを示すとともに、後の見せしめとするためにおこなわれた点を重視すべきであろう。

梟首の目的

なぜ武士は敵の首をさらしたのだろうか。勝俣鎮夫氏は、敵の首をとりさらす慣行はみせしめというよりは本来的には死骸の恥をさらすことが目的であったとする［勝俣一九八三］。また、前述したように菊地暁氏も首をさらすことを死の恥をかかせる行為と捉えている［菊地一九九三］。一方で、黒田日出男氏や五味文彦氏は、敵の生首は軍神に戦勝を祈願するために「生贄」として捧げられたとする［黒田一九八八・五味一九九二］。このように先行研究では梟首をめぐる心性が重視されてきたが、梟首がそれを見た人々にどのような影響を与えたのかという視点から検討してみたい。

寿永二年十一月、木曾義仲は後白河院の御所である法住寺殿《ほうじゅうじ》（京都府京都市東山区）を襲撃した。義仲は軍事クーデタにより後白河院を幽閉して政権を掌握しようとしたのである。延慶本『平家物語』では、合戦後の梟首について次のように述べられている。

木曾六条川原ニ出テ、昨日切所首共、竹結渡テ取カケタリ。左ノ一ノ首ニハ天台座主《てんだいざす》明雲《みょううん》大僧正ノ御首、右ノ一ニハ寺ノ長吏《ちょうり》円恵法親王《えんけいほっしんのう》ノ御首ヲゾ懸タリケル。其外七重八重ニカケ並タル首、惣テ三百四十余人トゾ数ヘテ申ケル。是ヲ見テハ、天ニ仰地ニ倒テヲメキ叫者多カリケリ。父母妻子ナムドニテコソアリケメ、無慚《むざん》トモ愚ナリ。越前守信行朝臣、近江前司為清、主水正近業ナムドガ首モ此中ニアリケリ。

（第四「木曾六条川原ニ出テ首共懸ル事」）

義仲は討ち取った首を竹に結んで六条河原にさらした。左端には天台座主（比叡山延《ひえいざんえん》暦《りゃくじ》寺の住持で天台宗の最高位）であった明雲の首が、右端には園城寺《おんじょうじ》の長吏（寺院の首席）であった円恵法親王（後白河院の皇子）の首が懸けられ、その他七重八重に並べられた首の総数は三百四十余りにのぼったという。首を見物して泣き叫んだ人も多く、父母妻子もいて無残であった。藤原信行《のぶゆき》、高階為清《たかしなのためきよ》、清原親業《ちかなり》などの首もこのなかにあったという。

なお、『吉記』によれば、源光長《みつなが》以下の武士の首百余りがさらされて、義仲自身も梟首を確認したという（寿永二年十一月二十一日条）。

後白河院に動員された美濃源氏《みのげんじ》の源光長らの武士の首とともに、戦闘に巻き込まれて落命した明雲や円恵法親王といった僧侶の首がさらされたことは、人々に大きな衝撃を与えたであろう。六条河原における梟首は、義仲の軍事的勝利を人々に誇示する効果があったといえる。

なお、義仲が武士の首だけではなく僧侶の首をもさらした点は留意される。延慶本『平家物語』第二末「南都ヲ焼払事付左少弁行隆事」では治承四年の平氏による南都焼討ちが描かれているが、「軍ノ庭ニテ討ル、所ノ大衆七百余人ガ内、四百余人ガ首ヲバ都へ上ス。其中ニ尼公ノ首モ少々アリケルトカヤ」とあり、平氏軍によって討ち取られた大衆の七百人のうち四百人の首が京都に送られたが、そのなかには尼の首も含まれていたという。内乱では僧や尼の首も斬られたり、さらされたりしたのである。

また、前述したように、養和元年（一一八一）九月に下野国の足利俊綱《あしかがとしつな》の家人桐生六郎は主君俊綱を殺害して、その首を源頼朝のもとに持参した。六郎は御家人に登用されることを望んだが、頼朝は主君を殺害したことは不当であるとして六郎を誅殺した。六郎の首は梶原景時によって俊綱の首の傍らにさらされたという（『吾妻鏡』養和元年九月十八日条）。

この場合には梟首することにより主君を裏切った者の末路をしめして見せしめとしたと考えられよう。

西源院本《せいげんいんぼん》『太平記《たいへいき》』には、「『先づ合戦の事始めなれば、軍神に祭つて、人に見懲《みご》りさせよ』とて、六条河原に引き出だし、一人も残さず、首を刎ねて懸けられけり」（第六巻「赤坂合戦の事、并人見本間討死の事」）という表現がみられる。「まず合戦の始めであるので、軍神に祭って人々に見懲りさせよ」との命令によって、合戦で生け捕られた武士たちを六条河原に引き出して首を刎ねて懸けたとされている。「見懲」とは悪業の報いをみて、恐れ懲りることである。ここでは、梟首の目的が「見懲」とされているのであり、合戦後の梟首には大路渡と同様に見せしめの効果が期待されたことがうかがえよう。

以上のことを踏まえれば、合戦後の梟首には、戦争の勝者が敗者の首をさらすことにより戦争の結果を明示するとともに、敗者の末路を示して見せしめとするという軍事上の現実的な機能があったといえる。清水克行氏は、織田政権がおこなった門前に敵の首をさらす行為を中世の武士社会や村落社会の慣行や意識をくみとったものと捉えたうえで、村落でおこなわれた梟首を懲戒主義に基づいた盗賊予防などのための現実的な行為と評価している［清水克行「織豊政権の成立と処刑・梟首観の変容」『室町社会の騒擾と秩序』講談社学術文庫、二〇二二年、初出二〇〇四年〕。清水氏はこうした現実的な課題を前に生成された梟首観を中世的な犯罪穢や死穢に由来する梟首観とは区別しており、制裁による懲戒主義の思想が在地社会において姿をあらわしていると指摘しているが、武士による梟首にも懲戒主義の思想が見出せるのである。

合戦後の梟首については、死骸の恥をさらすことや軍神への犠牲といった心性よりも、勝利を誇示するとともに敗者の末路を示して見せしめとするという軍事上の現実的な機能を重視すべきといえよう。

首を持ち去る

味方の首

武士は敵の首を求めて戦う一方で、戦死した味方の首を戦場から持ち去った。治承四年（一一八〇）八月の石橋山《いしばしやま》合戦では、大敗した頼朝《よりとも》軍の武士たちは山中を敗走した。延慶本《えんぎょうぼん》『平家物語《へいけものがたり》』では頼朝軍の工藤茂光《くどうもちみつ》の最期が語られている。

九藤介茂光ハ、太リ大ナル男ニテ、山ヘモ登ラズ、歩モヤラズ、延べシトモオボヘザリケレバ、子息狩野五郎親光《かのごろうちかみつ》ヲ招寄テ、「人手ニカクナ。我頸《くび》打」ト云ケレバ、親光父ノ首ヲ切ム事ノ悲サ、父ヲ肩ニ引懸テ山ヘ登リケルニ、峨々タル山ナレバ、輙《たやす》ク可登トモオボヘザリケレバ、トビニモ延ヤラズ。敵ハ責近テ、既ニ生取ラルベカリケレバ、茂光腹カヒ切テ死ニケリ。茂光ガ娘ニ、伊豆国々司為綱《ためつな》ガ具シテ儲タリケル、田代冠者《たしろかじゃ》信綱是見テ、祖父公藤介ガ頸ヲ切テ、子息狩野五郎ニトラセテ、山へ入ニケリ。（第二末「石橋山合戦事」）

〔大意〕茂光は太っている大男であり山に登ることも歩くこともできなくなったために逃げ延びることは無理であると悟って、子息の親光を招き寄せて「人の手にかけるな。自分の首を打て」と言った。親光は父の首を切ることができずに父を肩に引っ掛けて山を登ろうとしたが、峻険な山を登ることができるとは思われなかった。敵が攻め近づいてきたので、茂光は腹を切って死んでしまった。孫の田代信綱《たしろのぶつな》はこれを見て自害した祖父の首を切って親光に渡した。

工藤茂光は藤原為憲《ふじわらのためのり》を先祖とする工藤氏の一族であり、伊豆国（静岡県南部）の在庁官人（国衙で行政事務を担った役人）であった。信綱は茂光の娘と国司（国ごとにおかれた行政官）であった伊豆守為綱《ためつな》の間に生まれて祖父のもとで養育されていた。茂光が敗走中に進退窮まって自害すると、その首は孫の信綱によって切られたうえで、子息の親光によって持ち去られたのである。

また、元暦元年（一一八四）七月の伊賀《いが》・伊勢《いせ》の反乱では、平氏家人であった伊賀国

(三重県西北部)の武士の軍勢と鎌倉軍の佐々木秀義《ささきひでよし》の軍勢が激戦となって多くの戦死者を出した。伊賀国の壬生野能盛《みぶのよしもり》は佐々木の郎等に射落とされたが、「敵に頸を取れじと、乗替の童馬より飛下、主の頸を掻落して、壬生野の館に馳帰る」(『源平盛衰記《げんぺいじょうすいき》』巻第四十一「平田入道謀叛三日平氏《ひらたにゅうどうむほんみっかへいし》」)とあるように、乗替用の馬に乗っていた童が敵に首を取られまいと主人の首を掻き落として壬生野の館に馳せ帰ったとされる。能盛の家人は主人の首を敵に取られぬように館に持ち帰ったのである。合戦で討たれた主人の首を敵に取られぬように掻き落として隠すことも従者の役割であった〔勝俣一九八三・髙橋一九九九〕。

戦場から首を持ち去ることが困難な場合には、敵に見つからないように首が埋められることもあった。治承四年五月、源頼政《みなもとのよりまさ》は宇治で平氏の追討軍に敗北した。延慶本『平家物語』には、頼政が自害すると従者の渡辺唱《わたなべとなう》が「其後頸カイ切テ、穴ヲ深ク堀テ埋ミタリケルヲ、平家ノ軍兵追懸リテ、コ、カシコ穴グリ求ケルホドニ、木津河ノハタニシテ、求出シテ取畢《おわん》ヌ」(第二中「源三位入道自害事」)とある。従者は頼政の首を切って穴深く埋めたが、追撃してきた平氏軍の兵があちこちに穴を掘って探し求めたために、首は木津川のほとりで探し出されたという。頼政の首は従者によって埋められたが、結局平氏軍の兵士によって見つけ出されてしまったのである。

このように、武士は敵に首を取られるのを避けるために、戦死した味方の首を持ち去ったり隠したりした。敵に首を取られることを忌避する意識をもっていたのである。こうした意識については、梟首されることで死骸の恥をさらすことを避けることが目的であったと捉えられてきた［勝俣一九八三・菊地一九九三］。敵に首を取られることを忌避する意識は死骸の恥といった心性のみで解釈してよいのだろうか。

以仁王の首

治承四年五月二十六日、以仁王《もちひとおう》と源頼政の反乱軍は宇治《うじ》（京都府宇治市）で平氏軍の攻撃を受けて壊滅した。中山忠親《なかやまただちか》の日記『山槐記《さんかいき》』によれば、平氏軍は平等院《びょうどういん》前で合戦をおこなって頼政と兼綱《かねつな》（頼政養子）の首を取った。忠親は「平等院廊自害の者三人有り、其人一人浄衣《じょうえ》を着し頸無し、疑有り、頼政男伊豆守仲綱死生不詳、又宮南都に遁《のが》れ入り給ふと云々」と記しており、平等院の廊に自害した三人の遺体があったこと、そのうちの一人は浄衣を着ており首がなかったこと、源仲綱《なかつな》（頼政嫡子）の生死は不詳であること、以仁王は南都に逃れたことなどの情報がもたらされていた。さらに、平氏軍が足利義清《あしかがよしきよ》の首を取ったとも記しているが、「後聞」としてその首は義清ではなく以仁王かと追記している。

九条兼実《くじょうかねざね》の日記『玉葉《ぎょくよう》』では平氏軍が頼政・兼綱以下十余人の首を取ったと記してい

るが、「宮においては慥《たし》かに其首を見ざると雖も同く伐得了んぬ」とあり、以仁王については首の確認はされていないが討ち取られたと記している。また、「殿上廊内自殺の者三人相残る、其中首無きの者一人有り、疑ふは宮かと云々」ともあり、平等院の廊にあった自害した三人の遺体のうちに首がないものがあり、それが以仁王の遺体であろうかとも記している。

合戦当日の段階で頼政と兼綱の首が確認されたのに対して、以仁王の生死については情報が錯綜していた。『吾妻鏡《あずまかがみ》』によれば、以仁王は南都に向かったが、光明山寺《こうみようせんじ》の鳥居前で討たれたという（同年五月二十六日条）。以仁王の首については、延慶本『平家物語』では王に仕えていた女房に見せたところ泣き叫んだことにより確認されたとするが（第二中「宮被誅給事」）、『愚管抄《ぐかんしよう》』では以仁王の首は確かではなかったので多くの人に見せたが、最終的には学問の師匠であった藤原宗業《むねなり》を召し出して確認したとしている（巻第五「安徳《あんとく》」）。その後、五月二十八日には、高倉院《たかくら》が平清盛《たいらのきよもり》の邸宅に出向いて頼政以下の首を見ている（『百練抄《ひやくれんしよう》』・『吉記《きつき》』養和元年八月二十日条）。

以仁王の生死については合戦直後から情報が錯綜しており首の確認も難航したために、生存の噂が生じることになった［水原一「以仁王生存説をめぐって」『延慶本平家物語論考』

加藤中道館、一九七九年・小林美和「源頼政の死」『平家物語の成立』和泉書院、二〇〇〇年、初出一九九六年・山本幸司『頼朝の精神史』講談社、一九九八年」。合戦の翌日には、九条兼実は「頼政入道以下軍兵等を誅殺すと雖も、彼以光（以仁王）其内に漏るか、世の疑ふ所、もしくは南都に移住するか、但し此条分明せず」と日記に記している（『玉葉』同日条）。合戦直後の段階で頼政以下は討ち取ったが以仁王は討ち漏らされていて南都に逃走したとする情報が流れていたのである。

生存の噂

東国で源頼朝の反乱軍が勢力を伸長させていったのちには、以仁王の生存は頼朝の反乱軍と結び付けられて噂された［水原一「以仁王生存説をめぐって」『延慶本平家物語論考』加藤中道館、一九七九年］。『玉葉』には以仁王の生存についての記事が散見される。治承四年九月二十三日には、以仁王と源頼政が駿河国から移動したとする伝聞が記されている。この日は、頼朝追討のために東国に派遣される平維盛《これもり》が福原《ふくはら》から入京した日であった。

また、十月八日には「高倉宮《たかくらのみや》必定現存す、去る七月伊豆国に下着すと云々、当時甲斐国に御坐す、仲綱已下相具し祇候すと云々」とあり、以仁王は確かに生存していて七月に伊豆国に入っており、現在は源仲綱とともに甲斐国（山梨県）にいるとする伝聞が記されている。頼朝軍の勢力伸長により軍事的緊張が高まっていくなかで、京都では以仁王が東国で生存しているという情報が駆け巡っていたのである。

さらに、十月十九日には、以仁王は討たれたといわれているが、実際に討たれたのは菅冠者《すがのかじゃ》という人物であったとする話が記されている。兼実自身は以仁王が生存しているならば、なぜ数か月間噂にならなかったのかと疑問を抱いており、生存について信じることはできないと述べている。また、十二月十九日には、「三条宮坂東に在るの由、極めて謬説《びゅうせつ》と云々、又仲綱決定伐たれ了《おわ》んぬ、平等院において自害の輩、三人の中なり〈已上有安《ありやす》の説〉」とあり、以仁王が東国にいるとする情報は誤りであると記している。また、源仲綱は確かに討たれており、平等院にあった自害した遺体の三人のなかに仲綱のものがあったとするのが中原有安の説であるとしている。その後も、兼実は以仁王が吉野（奈良県吉野町）や伊豆で生存しているという情報を入手している。

以仁王の生存は平氏滅亡後にもささやかれていた。元暦二年（一一八五）七月二十三日には、兼実は以仁王の生存の噂が広まっているとして、もし事実ならば「天下の大幸」であると述べている。しかし、翌月になると王の生存が虚報であることが明らかになったと記している。

なお、摂関家《せっかんけ》出身の慈円《じえん》は「宮ハイマダオハシマスナド云事云ヒ出シテ、不可思議ノ事ドモアリケレド、信ジタル人ノオコニテヤミニキ」と述べており、以仁王の生存がささやかれたが信じた人が愚かであったと述べている（『愚管抄』巻第五「安徳」）。

源仲綱の首

源仲綱は以仁王が平氏追討を命じた令旨《りょうじ》の奉者をつとめた人物である。前述したように合戦直後から「死生不詳」とされており、その戦死は確認されなかった。延慶本『平家物語』においても「伊豆守仲綱モ討レヌ」（第二中「宮南都へ落給事付宇治ニテ合戦事」）と簡潔に記されるのみであり、仲綱の最期についての情報はなかったものと思われる［小林美和「源頼政の死」『平家物語の成立』和泉書院、二〇〇〇年、初出一九九六年］。そのために、治承四年十月には仲綱は以仁王に従って甲斐国にいると噂されており、その生存がささやかれた。仲綱の首についての記事は『山槐記』や『玉葉』にみられないために、その首は合戦直後から行方不明になったのであろう。

前述したように、十二月十九日に、九条兼実は平等院にあった三人の自害した遺体の一つが仲綱のものであるとする情報を入手している。『山槐記』や『玉葉』には合戦直後に平等院の自害した遺体についての情報が記されているが、この時点では自害した遺体と仲綱は関連付けられてはいなかった。仲綱の首を確認できなかったために、合戦から数か月たったのちに平等院の自害した首のない遺体が仲綱であったとする言説が流布したのであろう。

首をめぐる異説

延慶本以外の『平家物語』諸本では仲綱は平等院で自害したと語られている。『源平盛衰記』では、仲綱の最期について次のように述べている。

同子息伊豆守仲綱も、散々に戦て後、入道の跡を尋て、平等院の御堂に立入て、物《ものの》具《ぐ》脱捨腹掻切て死にけり。弥太郎盛兼其頸を掻落して、入道の首と一所に隠し置、人不知之。後日に竹格子《たけごうし》の下より、血の流出たりけるを怪て、御堂を開て見ければ、頸もなき死人あり、誰と云事を不知、後にこそ伊豆守とも披露しけれ。其よりしてこそ、其をば自害の間とも申也。（巻第十五「宇治合戦」）

仲綱は平等院の御堂で自害したために、従者が首を掻き落として父頼政の首とともに隠しおいた。人々はこのことを知らなかったが、竹格子の下から血が流れ出るのを怪しんで御堂を開けたところ首がない死体があった。誰のものかわからなかったが、のちに仲綱であるとされたという。

一方で、長門本《ながとぼん》『平家物語』では、従者は自害した仲綱の首を平等院の後戸の壁板を取り外して投げ入れたが、人々はこれを知らなかった。のちに血が流れ出たので壁板を外して見ると、死人の首があり仲綱のものであったと語られている（巻第八「源三位入道父子自害事」）。

『源平盛衰記』と長門本『平家物語』では、平等院で自害した仲綱の遺体がのちに見つかったとする点では共通しているが、首のゆくえについては異なる記述がなされている。

また、『愚管抄』には「ヤガテ仲綱ハ平等院ノ殿上ノ廊ニ入テ自害シテケリ」（巻第五「安徳」）とあり、仲綱が平等院の廊に入って自害したと説明されている。仲綱の首については言及していないが、自害した首のない遺体を仲綱のものとする言説を踏まえて叙述されている。

仲綱は合戦直後から消息不明となり、平氏軍はその首を取って戦死を確認できなかった。そのために以仁王とともに生存しているという噂が生じたが、合戦から数か月後には平等院で自害した首のない遺体を仲綱のものとする言説が流布した。長門本『平家物語』、『源平盛衰記』、『愚管抄』は仲綱が平等院の廊で自害したと説明しており、この言説が取り入れられている。

一方で、延慶本『平家物語』では仲綱の首については言及されておらず、『源平盛衰記』と長門本『平家物語』では仲綱の首について異なる記述がみられる。実際には仲綱の首は行方不明となり、そのゆくえについての情報はなかったと思われる。そのために、首のゆくえについてさまざまな言説が生じていき、それが『平家物語』諸本に取り込まれていったのである。

戦死の確認

治承四年五月に追討された以仁王と源仲綱は首の確認が難航したために生存が噂された。合戦後に敵の首を確認することは、戦死を明らかにするために不可欠だったのである。

こうしたことを踏まえると、戦死した味方の首を持ち去ったり隠したりする目的は、戦死の確認を避けるためであったとは考えられないだろうか。治承四年八月、相模国の三浦《みうら》氏《し》は頼朝軍との合流を目指して進軍したが、頼朝は石橋山合戦で平氏方の軍勢に大敗した。延慶本『平家物語』によれば、三浦の人々は頼朝戦死の情報を聞いて自害しようとしたが、義澄《よしずみ》がそれを制止したという。義澄は「カヤウノ時ハ僻事虚事《ひがごとそらごと》モ多シ。兵衛佐殿《ひょうえのすけどの》モ一定誅《うた》レテモヤヲワスラム、又遁《のがれ》テモヤヲワスラム、其骸《かばね》ヲ見申サズ」（第二末「小壺坂合戦之事」）と述べたとされており、こうしたときには誤報も多いとしたうえで頼朝が討たれたか逃げ延びたかについてはその遺体を見ていないとして、頼朝が逃げ延びた可能性に言及したと語られている。

さらに義澄は「イカサマニモ兵衛佐殿ノ御首ヲモ見ザラムホドハ、自害ヲセム事アシカリナム」とも述べて、頼朝の首を見ないうちに自害するのはよくないと語ったとされている。ここで注目されるのは、義澄は「兵衛佐殿ノ御首」を見ないうちは戦死を確認できないと述べていることである。首はその人物の戦死の確認に不可欠であり、それゆえに味方の首が確認されることは味方の戦意喪失を招くものであった。

三浦氏は幕府成立後には有力御家人として活動したが、宝治元年（一二四七）の宝治《ほうじ》合戦で執権北条時頼《しっけんほうじょうときより》とその外戚安達氏《あだちし》によって滅ぼされた。同年六月五日、義澄の孫泰村《やすむら》をはじめとする一族は、鎌倉の頼朝法華堂《ほっけどう》（墳墓に設けられた堂）で自害した。『吾妻鏡』には首実検についての詳しい記事がある。合戦翌日の六日に首実検がおこなわれたが、泰村の弟である光村《みつむら》と家村《いえむら》の首については不審があり結論が出なかったという。

その後、八日になって合戦当日に法華堂の天井に潜んでいた法師の尋問がおこなわれ、光村が自らの顔を識別できぬように傷つけたのちに自害していたことが判明した。そのために光村の首についての不審は解消されたが、家村の首については見当たらないとされた。二十二日の寄合において合戦で討ち取られた武士の交名《きょうみょう》が披露されており、そこでは三浦方の武士は「自殺討死等」、「存亡不審」（生死不明）、「生虜輩」、「逐電《ちくでん》」（逃亡）に分けられた。交名では光村は「自殺討死等」に挙げられているが、家村は「存亡不審」とされている。

光村の首は傷つけられていたために首実検では本人と確認できなかったが、法師の証言によって本人の首であると判断されて、その戦死が確認された。一方で、家村の首は結局確認できなかったために「存亡不審」とされたのであろう。光村が自らの顔を傷つけた行為を死の恥を避けようとするのが目的であったとする見解もあるが［菊地一九九三］、自らの戦死を確認させせぬことが目的であった可能性も想定できよう。

また、陽明文庫本《ようめいぶんこ》『平治物語《へいじものがたり》』中「義朝《よしとも》敗北の事」では、平治の乱における源義朝主従の敗走が語られている。平治元年（一一五九）におこった平治の乱では平清盛との合戦に敗れた義朝主従は都から落ち延びた。毛利義隆《もうりよしたか》（義朝の叔父）が敗走中に射られて絶命すると、義朝はその首の顔の皮を削って石を結び付けて谷川の淵に沈めたが、それは「人に知らせじ」ためであったと語られている。義朝は義隆だとわからぬように首を傷つけたうえで川に沈めたと描写されているのである。

首によって戦死を確認できなくても、合戦後に一定の時間が経過すれば消息不明となった人物も戦死したものと考えられた。源仲綱は合戦直後に「死生不詳」とされており生存がささやかれたが、結局再び姿を見せることはなく最終的には戦死したものとされた。宝治合戦後の三浦家村にしても「逐電」ではなく「存亡不審」とされている。逃走して生存している可能性は低いが、その死を確信できないために「存亡不審」とされたのである。

このように合戦直後に味方の首が敵に渡ることでその戦死が確認されることは、味方の戦意喪失と敵方の戦意高揚につながるものであった。武士が首を敵に取られることを忌避する意識については、梟首されることで死の恥をさらすことを回避しようとした心性の側面があったことは否定できない。しかし、武士が敵に首を取られることを忌避して味方の首を持ち去った行為には、合戦直後に自らの戦死が確認されることを避けようとする軍事的意味を見出せるのではないだろうか［田辺二〇一四］。

首のゆくえ

合戦において武士は敵の首を求めて戦うとともに、味方の首が敵に取られることを避けて持ち去った。合戦後には首実検により敵の首を確認したうえで、その首をさらした。首は身体のなかでも本人確認に不可欠な特別な部位であり、首をめぐる特別な意識や心性があったことは否定できないが、本章ではこうした武士の首をめぐる意識については戦争遂行上の現実的な機能から論じた。

図15　平重衡の墓（京都市伏見区醍醐）

首実検や梟首の後には、戦死者の首はどのように扱われたのだろうか。元暦二年（一一八五）六月に南都でさらされた平重衡《しげひら》の首は「首ハ七日ガ程ハ有ケルヲ、北方、春《（俊）》乗房上人ニ乞請給テ、高野山《こうやさん》へ送給テケリ」（延慶本『平家物語』第六本「北方重衡ノ教養シ給事」）とされており、七日間さらされたのちに、重衡の妻（北方）が重源《ちょうげん》（俊乗房上人《しゅんじょうぼうしょうにん》）に要請して供養のために高野山《こうやさん》（和歌山県高野町）に送られたという。また、藤原泰衡《やすひら》の首は中尊寺に伝来しており、鎌倉軍による梟首後に供養のために納められたと考えられる。首はさらされた後に遺族や関係者によって丁重に扱われて供養されることもあったのである。なお、治承・寿永の内乱で戦死した武士の首を葬ったとされる首塚は列島各地に伝わっている［室井二〇一五］。

一方で、延慶本『平家物語』では、治承四年十二月の平氏軍による南都攻めについて、次のように語っている。

衆徒首共ヲバ、大路ヲ渡テ、獄門ノ木ニ可被懸ニテアリケルガ、東大寺《とうだいじ》、興福寺《こうふくじ》ノ焼ニケル浅猿サニ、渡スニ不及、コ、カシコノ溝ヤ堀ニゾ投捨ケル。穀倉院《こくそういん》ノ南ノ堀ヲバ、奈良ノ大衆ノ首ニテウメタリナムド沙汰シケリ

（第二末「南都ヲ焼払事付左少弁行隆事」）

〔訳〕衆徒の首は大路を渡して獄門の木に懸けるべきではあるが、東大寺と興福寺が焼失してしまったので渡すには及ばないとなったので、京都に送られた首はそこかしこの溝や堀に投げ捨てられた。穀倉院の南の堀は大衆の首によって埋められたという。

平氏軍は南都攻めで討ち取った大衆七百人のうち四百人余りの首を京都に送ったが、大路を渡して梟首することはしないと決まったために、首は無造作に溝や堀に投げ捨てられたとされている。首を溝や堀に投げ捨てる行為には、首に対する畏怖の念も供養しようとする姿勢もみられない。戦死者の首は葬られることなく無造作に投げ捨てられることもあった。戦争の残酷さが如実に示されているといえよう。

鎮魂と平和

鎮魂の政治性

北条時政の祈り

伊豆国の在庁官人《ざいちょうかんじん》であった北条時政《ほうじょうときまさ》は、娘政子《まさこ》の夫である源頼朝《みなもとのよりとも》が内乱に勝利して鎌倉幕府を開設したことにより有力御家人となった。時政は鎌倉に常住するようになったが、しばしば本拠地である伊豆国北条《ほうじょう》（静岡県伊豆の国市）に下向しており、氏寺《うじでら》として願成就院《がんじょうじゅいん》を創建している。

建久五年（一一九四）三月二十五日に、願成就院において伊東祐親《いとうすけちか》や大庭景親《おおばかげちか》以下の死者を弔うために如法経《にょほうきょう》十種供養（法華経《ほけきょう》を書写して仏を供養すること）がおこなわれた（『吾妻鏡《あずまかがみ》』同日条）。祐親と景親は治承四年（一一八〇）の頼朝挙兵時には平氏方として行動しており石橋山《いしばしやま》合戦では頼朝軍に敵対した。景親は頼朝に降伏したのちに斬られており、祐親も女婿の三浦義澄《みうらよしずみ》に預けられたのちに頼朝から赦免されることを恥じて自害している。祐親と景親は戦死したわけではないが、この仏事は頼朝軍に敵対した伊東・大庭方の戦死者の鎮魂のために修されたものと考えられよう。『吾妻鏡』では仏事の主催者は明記されていないが、願成就院の性格を踏まえれば時政と考えられる。時政は頼朝挙兵時に敵対した伊東・大庭方の戦死者を鎮魂するために仏事をおこなったのである。

図16　願成就院跡（静岡県伊豆の国市　願成就院境内）

建仁二年（一二〇二）六月一日に、時政は夢想の告を受けて子息宗時《むねとき》の菩提を弔うために北条に下向している（『吾妻鏡』同日条）。宗時は石橋山合戦後の敗走中に伊東祐親の軍勢に囲まれて戦死しており、その墓が同国桑原郷《くわはら》（静岡県函南町）にあったためである。桑原には実慶《じっけい》（運慶《うんけい》と同じ一門の仏師）の作とされる阿弥陀如《あみだにょ》来像《らいぞう》が伝来しており、宗時追善のために造像さ

図17　阿弥陀如来像（静岡県函南町　かんなみ仏の里美術館所蔵）

れたものと推定されている［『鎌倉北条氏の興亡』神奈川県立金沢文庫、二〇〇七年］。時政は宗時の墓がある桑原において追善につとめたのである。

治承四年の頼朝挙兵時には伊豆国と相模国（神奈川県）の武士たちは敵味方に分かれて戦っており、双方から戦死者を出した。北条時政は遺族として戦死した子息の鎮魂につとめる一方で、敵方である伊東・大庭方の戦死者の鎮魂もおこなったのである。

なお、「鎮魂」はもともと肉体から遊離しようとする（した）魂を肉体に鎮めることを意味する言葉であり、死者を悼むという意味での「鎮魂」という言葉は古典に由来するものではなく新しい言葉である［佐伯真一「『平家物語』と鎮魂」『軍記物語と合戦の心性』文学通信、二〇二一年、初出二〇一五年］。「鎮魂」は、個人が親しい死者の霊を慰める行為とともに、怨霊を鎮めるという国家や社会の営みにも用いられる〔佐伯氏前掲論文〕。「鎮魂」は「追善」や「供養」といった仏教儀礼に関わる言葉や、「慰霊」といった言葉に比べて概念に幅があるといえよう。

図18　北条宗時の墓（静岡県函南町）

本章では、個人や社会が内乱の戦死者と向き合って祈りをささげた行為を「鎮魂」という言葉で捉えたうえで、内乱後の戦死者鎮魂についてみていきたい。

政治としての鎮魂

元《げん》暦《りゃく》二年（一一八五）三月の壇《だん》ノ浦《うら》合戦で平氏一門が滅亡すると、後《ご》白《しら》河《かわ》院は内乱の戦死者を鎮魂するために八万四千基の塔を建立することを命じた。同年八月二十三日にそのうちの一万基の塔供養を長講堂《ちょうこうどう》でおこなっている（『山《さん》槐《かい》記《き》』同日条）。長講堂は後白河院の御所に設けられた持仏堂である。

インドのアショーカ王は仏教を保護したが、多くの人を殺した罪を懺悔するために八万四千の塔を造ったとされており、日本列島にも阿育王《あいくおう》信仰として受容された。後白河院はアショーカ王にならって怨霊調伏《ちょうぶく》と罪障消滅のために八万四千の塔を造立させたと考えられている〔追塩一九九九〕。後白河院は平氏滅亡を内乱の収束と捉えたうえで戦死した人々の鎮魂をおこなったのである。

なお、後白河院は養和元年（一一八一）十月十四日にも八万四千基の塔供養をおこなっている（『玉葉《ぎょくよう》』同日条）。これは平宗盛《たいらのむねもり》の提案を受け入れたものであった。飢饉の影響によって戦線が膠着状態にあったなかで、宗盛は敵方をも含めた戦死者の鎮魂をおこなうことで頼朝との和平の意志があることを示そうとしたと考えられている〔高橋二〇一二〕。

文治元年（一一八五）十一月に、源義経《よしつね》が反旗をひるがえしたために、頼朝は北条時政を上洛させて戦時体制を構築した。翌年には義経の没落を受けて戦時体制は解除されている。後白河院は「平家怨霊」を宥めるために高野山《こうやさん》（和歌山県高野町）に大塔を建立したが、文治二年七月二十四日に、その供料所《くりょうしょ》（神仏の供養のための所領）として備後国太田《おおたの》荘《しょう》（広島県世羅町）を寄進している（『吾妻鏡』同日条）。大塔建立の仏事は前年の五月一日より始められていた。後白河院は前年三月の平氏滅亡を受けて平氏鎮魂のために大塔建立に着手していたのである。

また、文治二年三月十六日には、後白河院は院御所である六条殿《ろくじょうどの》で逆修《ぎゃくしゅ》をおこなっている。逆修とは生前に自らの冥福を祈っておこなう仏事である。「院七日御逆修結願《けちがん》表白《ひょうびゃく》」（『転法輪鈔《てんぽうりんしょう》』）はこの際の表白文（法会の際に導師が読み上げた文）であるが、仏事によって積んだ善根を「近年連禍の間、東関西海の堺、陣前に死し楯下に傷つき、生命を亡ひ其の身を戮《りく》す」といった人々にあてると述べられており、戦場で落命した人々の鎮魂が目的であった［猪瀬二〇一六］。逆修がおこなわれたのは壇ノ浦合戦の約一年後であった。

さらに、文治三年（一一八七）三月六日に、後白河院は高野山に対して「保元《ほうげん》以来戦場損命の輩」への「廻向《えこう》」（功徳を死者にたむけて冥福を祈ること）を命じている（「後白河法皇院宣」高野山文書宝簡集《ほうかんしゅう》、『鎌倉遺文』二一七）。「去今両年の間、四海稍《ようや》く無事に似たり」とあるように、後白河院は内乱が収束したとする認識のもとで保元の乱以降の戦死者の冥福を祈るように命令したのである。平忠盛《ただもり》・清盛《きよもり》父子が根本大塔《こんぽんだいとう》の再建に関与するなど平氏と高野山は深い関係にあり、それゆえに後白河院は平氏一門の鎮魂を高野山に命じたのであった［高橋二〇二二］。このように、後白河院は平氏滅亡や義経没落後に内乱が収束したと認識したうえで、内乱戦死者の鎮魂につとめたのである。

図19　勝長寿院跡（神奈川県鎌倉市）

一方で、鎌倉の源頼朝が内乱戦死者の鎮魂を始めたのは、建久元年（一一九〇）になってからであった。同年七月十五日に、鎌倉の勝長《しょうちょう》寿院《じゅいん》で万燈会《まんどうえ》がおこなわれており、頼朝自身も参列している。万燈会は滅罪のために一万の灯明を点じて仏を供養する法会であり、「これ平氏滅亡の衆等黄泉を照らさんがため」（『吾妻鏡』同日条）とあるように、内乱で滅亡した平氏一門の鎮魂を目的とするものであった。頼朝は前年の奥州合戦で藤原泰衡《ふじわらのやすひら》を滅ぼしており、奥州合戦の終結によって内乱が収束したという認識のもとで戦死者の鎮魂をおこなったのである〔川合二〇一二〕。

勝長寿院は、頼朝によって鎌倉に創建された寺院であり、頼朝の父義朝《よしとも》とその家人である鎌田正清《かまたまさきよ》の遺骨が埋葬された。義朝と正清は平治《へいじ》の乱後の敗走中に殺害されたが、文治元年八月にはその遺骨が京都から鎌倉に運ばれていた。

このように、後白河院が平氏滅亡や義経没落により内乱が収束したと認識していたのに対して、源頼朝は御家人制の再編のためにおこなった奥州合戦を内乱の収束と意識した。そのために後白河院と頼朝では内乱収束の認識が異なることになったのである［川合二〇一二］。

鎮魂の論理

朝廷と鎌倉幕府は内乱収束の認識は異なっていたが、ともに内乱収束後に政治の一環として戦死者鎮魂のための仏事をおこなった。久野修義氏は、政治権力による戦死者の鎮魂を内乱の収束をうけた戦後処理政策として評価している。さらに、久野氏は中世社会において敵方をも含んで戦死者鎮魂がおこなわれたことは、近代の靖国《やすくに》神社が「天皇の軍隊」のみをまつるのとは大きく異なるものであったと位置付けている［久野一九九三］。

敵方戦死者の鎮魂は社会に安穏をもたらすとともに戦争の勝者が権力を正当化することを目的とした平和政策であった［久野一九九三・二〇〇一］。前述した「院七日御逆修結願表白」では「縦《たと》ひ乱臣賊子と雖《いえど》も、大悲の心には忌むこと無し」と述べられている。後白河院の悲心（衆生の苦を憐れんで除こうとする心）は内乱のなかで賊軍として戦死した者たちであっても忌むことはないとされており、後白河院が賊軍の戦死者も罪を許して救済すると語られている［牧野二〇二〇］。

ここで留意されるのは、表白文を著した唱導僧《しょうどうそう》（仏教の教えを説いて人を導いた僧侶）たちは後白河院の平氏追討命令の責任に言及することはなく、追討の戦争そのものはやむを得なかったとする立場をとっていることである。唱導僧のひとりである弁暁《べんぎょう》は「殺生も殺生に依り候ふ。一切すずろに罪有る事には非ず」（『称名寺《しょうみょうじ》聖教尊勝院弁暁説草《しょうぎょうそんしょういん》』「摂大乗論ト申メテタキ大乗論候」）とも述べており、殺生がむやみやたらに一切罪あることではないとさえ主張している。牧野淳司氏は、弁暁は殺生が罪ではなく福を生み出したと主張しており、内乱で落命したことは後白河院の追善を受けられるのでかえってよいことであったという論理を展開していると指摘している［牧野二〇一五・二〇二〇］。

このように戦死者鎮魂のための仏事においては死者の救済が強調されることで殺生が必ずしも罪ではないとする論理さえ主張されていた。後白河院は戦死者の鎮魂に熱心に取り組んだが、おびただしい死者を出した戦争そのものを否定したわけではなかった点は留意されよう。

東大寺の再建

内乱収束後に国家事業としておこなわれたのが、東大寺《とうだいじ》（奈良県奈良市）の再建である。東大寺は、治承四年十二月の平氏軍による南都《なんと》焼討ちによって大仏殿《だいぶつでん》が焼失するなど大きな被害を受けた。大仏は鎮護国家の象徴であったために、その焼失は社会に大きな衝撃を与えた。養和元年には重源《ちょうげん》が大勧進職《だいかんじんしき》に任じられており、東大寺の再建事業が始まっている。東大寺再建は国家の大事業であり、内乱が収束する前から進められたのである［久野一九九四］。

文治元年八月には、東大寺大仏の開眼供養がおこなわれた。後白河院の強い意志によって挙行されたものであり、後白河自身が仏眼を入れた。同年三月には壇ノ浦合戦で平氏一門が滅亡しており、大仏再建は内乱戦死者の鎮魂という役割を担うものでもあった［久野一九九四］。

また、建久元年十月には、東大寺の上棟供養がおこなわれている。この時期には源頼朝が初めて上洛しているが、上棟供養は頼朝上洛を待つことなくおこなわれている。後白河院は頼朝の権力を意識しながらも、東大寺再建の主導権を握り続けていたのである［久野一九九四］。一方で、建久六年（一一九五）三月の大仏殿の落慶《らっけい》供養では、源頼朝が直接関与するようになった。頼朝は前年の五月二十九日には布施《ふせ》と僧供《そうく》料米《りょうまい》を御家人に勧進させるように諸国守護に命令しており、同年六月二十八日には佐々木高綱《ささきたかつな》に周防国（山口県東南部）で材木を伐採するように命じている（『吾妻鏡』同日条）。頼朝は東大寺再建を積極的に支援したのである。

建久六年三月十二日に、東大寺大仏殿の落慶供養がおこなわれた。頼朝は供養の結縁《けちえん》にあわせて二度目の上洛をおこなっている。この上洛には妻政子と娘大姫《おおひめ》、子息頼家《よりいえ》が同行した。頼朝は供養前日に馬、米、黄金、上絹を東大寺に施入《せにゅう》している。歴史書『愚管《ぐかん》抄《しょう》』は、供養当日のようすを次のように記している。

大風大雨ナリケリ。コノ東大寺供養ニアハムトテ、頼朝将軍ハ三月四日又京上シテアリケリ。供養ノ日東大寺ニマイリテ、武士等ウチマキテアリケル。大雨ニテアリケルニ、武士等ハレハ雨ニヌル、トダニ思ハヌケシキニテ、ヒシトシテ居カタマリタリケルコソ、中〳〵物ミシレラン人ノタメニハヲドロカシキ程ノ事ナリケレ

（巻第六「後鳥羽《ごとば》」）

大仏殿落慶供養は大風と大雨という荒天のなかでおこなわれ、頼朝に従った数万騎の武士が警固《けいご》した。警固をつとめた武士たちは雨に濡れても整然としていたとされる。頼朝の軍隊が仏法の擁護者であることが示されるとともに、その暴力は社会の平和と正義を守る

権力として正当化されたのである〔久野一九九四〕。

日本中世の仏教は国家を守護する役割を担っていたために、内乱による東大寺大仏の焼失が社会に与えた衝撃は大きかった。東大寺の再建は内乱収束後の社会を再生していく平和政策であったが、そこでも内乱戦死者の鎮魂が意識されたのである。

源頼朝の戦死者鎮魂

永福寺の創建

前述したように、源頼朝《みなもとのよりとも》は文治五年（一一八九）の奥州合戦で内乱が収束したと意識しており、その翌年には内乱戦死者を鎮魂するための仏事をおこなった。奥州合戦では頼朝自身が軍勢を率いて出陣した。同年十月二十四日に頼朝は鎌倉に帰着したが、その後も御家人への論功行賞、奥州の農村復興、降人《こうにん》の配流といった戦後処理を進めている。この時期に戦後処理と並行して頼朝が着手したのが、永福寺《ようふくじ》の建立である。

『吾妻鏡《あずまかがみ》』によれば、同年十二月九日に「永福寺事始」がおこなわれた。この日に建設に着手したのである。創建の目的は「且《かつう》は数万の怨霊を宥《なだ》め、且は三有《さんぬ》の苦果《くか》を救わんがためなり」とされており、数万の怨霊を宥めるとともに「三有」（衆生が生まれる時、死ぬ時、再び生まれ変わるまでの三つ）の「苦果」（悪業によって生じた心身を苦しませる報い）を救うためであるとしている。数万の怨霊は内乱の戦死者を指している。さらに、「二階大堂〈大長寿院と号す〉あり、専《もっぱ》ら之を模さるにより、別して二階堂と号すか」ともあり、永福寺は平泉の二階大堂（大長寿院）を模して建設された。二階大堂（大長寿院）は奥州藤原氏によって創建された寺院である。

図20　永福寺跡出土の軒丸瓦（鎌倉市教育委員会所蔵，神奈川県立歴史博物館提供）

また、『吾妻鏡』宝治二年（一二四八）二月五日条では永福寺の修理について記しているが、その創建について次のように説明されている。

> 当寺は、右大将軍《うだいしょうぐん》、文治五年伊予守義顕《いよのかみよしあき》を討ち取り、又奥州に入り藤原泰衡《ふじわらのやすひら》を征伐す。鎌倉に帰りせしめ給ふの後、陸奥出羽両国知行せしむべきの由、勅裁を蒙《こうむ》らる。これ泰衡管領の跡たるによるなり。しかるに今関東長久《ちょうきゅう》の遠慮を廻らし給ふの余り、怨霊を宥めんと欲す。

義顕と云ひ泰衡と云ひ、指したる朝敵に非ず。只私の宿意をもって誅亡の故なり。仍《よ》ってその年内営作を始めらる。随《したがっ》て壇場荘厳、偏《ひとえ》に清衡《きよひら》・基衡《もとひら》・秀衡《ひでひら》〈以上泰衡父祖〉等建立の平泉精舎を模され訖《おわ》んぬ。

〔訳〕右大将軍（源頼朝）が、文治五年に伊予守義顕（源義経《よしつね》）を討ち取って、また奥州に入って藤原泰衡を征伐して、鎌倉に帰還されたのちに、陸奥・出羽の両国を知行（支配）するようにとの朝廷の決定を受けた。泰衡が支配した跡のためである。そこで関東長久をお考えになって、怨霊を宥めようとされた。義経（義顕）も泰衡もさしたる朝敵ではなかったが、ただ私の宿意（遺恨）によって滅ぼしたためであった。そのため年内に造営を始められた。伽藍《がらん》は荘厳であり、泰衡の父祖である清衡・基衡・秀衡らが建立した平泉の寺院を模していた。

源頼朝は藤原泰衡を攻め滅ぼしたのちに「関東長久」のために怨霊を宥めようとしたが、それは源義経（のちに義顕と改名）や藤原泰衡を頼朝個人の宿意により誅殺したためであると述べられている。永福寺は源義経や藤原泰衡といった頼朝自らが滅ぼした死者を鎮魂するために創建された寺院であると説明されている。

伽藍の整備

永福寺の建設は文治五年十二月九日に着手されたが、翌年になると建設工事は滞った。出羽国（山形県・秋田県）で大河兼任《おおかわかねとう》の乱が勃発したこと、列島を飢饉が襲ったこと、頼朝が初めての上洛をおこなったことなどが要因であった。建久二年（一一九一）二月十五日に、頼朝は伽藍建立のために大倉山《おおくらやま》を巡見しており、三善《みよし》康信《やすのぶ》、二階堂行政《にかいどうゆきまさ》、藤原俊兼《としかね》を奉行にして建設工事が再開された（『吾妻鏡』同日条）。頼朝は庭園の造作に熱心であり、しばしば自ら監督している。建久三年九月十一日には頼朝が見守るなかで池石を立てる作業がおこなわれたが、畠山重忠《はたけやましげただ》が一人で石を置いたことに人々は感嘆したという（『吾妻鏡』同日条）。

同年十一月二十日には、永福寺二階堂の完成を受けて北条政子《ほうじょうまさこ》が参詣している。『吾妻鏡』には「雲軒月殿、絶妙比類無し、誠にこれ西土九品荘厳、東関二階梵宇に遷る者か」とあり、堂舎が壮麗であったようすがうかがえる。同月二十五日には、二階堂の供養がおこなわれた。導師は京都から招来した法務大僧正公顕《ほうむだいそうじょうこうけん》がつとめた（『吾妻鏡』同日条）。永福寺は二階建てであったことから「二階堂」と称された。頼朝は神護寺《じんごじ》の復興にあたった文覚《もんがく》を初代の別当《べっとう》に補任《ぶにん》したが、文覚は京都で活動していたために、その弟子である性《しょう》我《が》が別当に任じられた［平雅行「鎌倉真言派の成立」『人間文化研究』四〇号、二〇一八年］。

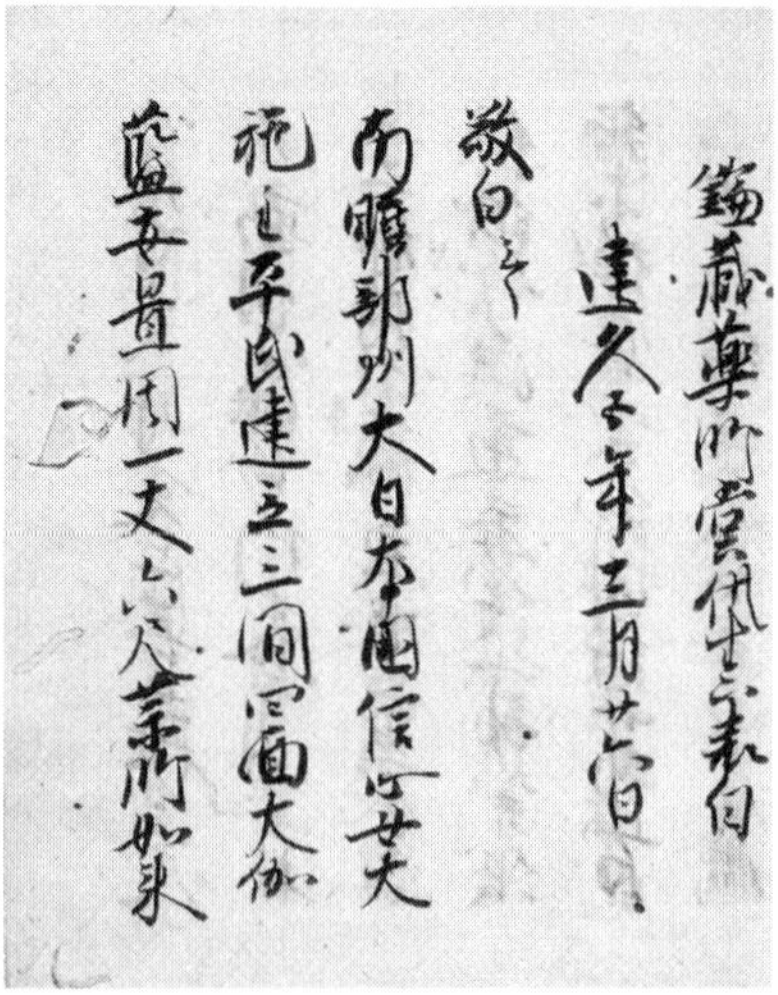

図21　『転法輪鈔』第一帖「鎌蔵薬師堂供養表白」（国立歴史民俗博物館所蔵）

性我は頼朝の護持僧《ごじそう》（将軍を護持する役目の僧）であった。

建久四年十一月二十七日には阿弥陀《あみだ》堂《どう》の供養がおこなわれており、導師は前権僧正真円《しんえん》がつとめた。なお、『吾妻鏡』では「薬師堂《やくしどう》」としているが、「阿弥陀堂」の誤記と考えられている［貫達人「永福寺」鎌倉市史編纂委員会『鎌倉市史社寺編』吉川弘文館、一九五九年］。

また、建久五年十二月二十六日には、薬師堂の供養がおこなわれた。導師は前権僧正勝賢《しょうけん》がつとめた（『吾妻鏡』同日条）。唱導《しょうどう》のテキストである『転法輪鈔《てんぽうりんしょう》』には、薬師堂供養の際の表白《ひょうびゃく》である「鎌蔵薬師堂供養表白」が収められている。表白では、頼朝が「雲南の煙塵《えんじん》」を鎮めて「海西の波浪」を平定した後に「東夷の地」に盛んに伽藍を建立して仏像を安置したとある。また、薬師堂建立は頼朝の御願であったが、「伽藍の造功」

を譲って政子の御願としたとある［牧野淳司「国立歴史民俗博物館蔵『転法輪鈔』改題」『国立歴史民俗博物館研究報告』一八八集、二〇一七年］。同月二十八日にも、頼朝と政子は頼家《よりいえ》を伴って薬師堂に参詣している（『吾妻鏡』同日条）。

永福寺の伽藍は段階的に整備されていったのであり、建久五年段階では永福寺（二階堂）、阿弥陀堂、薬師堂の三つの堂舎が完成していた。なお、同年十二月二日に頼朝は鎌倉の御願寺に奉行人を定めており、「永福寺」、「同阿弥陀堂」、「同薬師堂〈今新造〉」にそれぞれ奉行人が置かれている（『吾妻鏡』同日条）。

このように、永福寺は源義経や藤原泰衡といった敵方をも含む内乱の犠牲者を鎮魂することを目的として創建された寺院であり［久野二〇〇一・秋山二〇一〇］、のちに鶴岡八幡《つるがおかはちまん》宮寺《ぐうじ》・勝長寿院《しょうちょうじゅいん》とともに鎌倉の顕密《けんみつ》仏教の中核を占めた［平二〇一七］。

鎌倉時代中期の紀行文である『東関紀行《とうかんきこう》』には、「二階堂は殊《こと》にすぐれたる寺也。鳳《ほう》の甍《いらか》日にかゞやき、鳧《かも》の鐘霜にひゞき、楼台の荘厳よりはじめて、林池の麓に至るまで、ことに心とまりて見ゆ」とある。『東関紀行』は仁治三年（一二四二）に京都から鎌倉に下った際の記録であるが、永福寺の堂舎や庭園の壮麗さが描写されている。永福寺は内乱戦死者を鎮魂するために創建されたが、鎌倉幕府による「平和」を象徴する機能もはたした［秋山二〇一〇］。

永福寺は幕府滅亡後も維持されていったが、応永十二年（一四〇五）に火災にあっており、その後廃絶したと考えられている。永福寺跡は昭和四十一年（一九六六）に国史跡に指定されており、発掘調査によって堂舎や池をもつ庭園の跡が見つかっている。現在は史跡公園として整備されており、周辺には現在も「二階堂」という地名が残っている。

八万四千基の塔供養

源頼朝による敵方戦死者の鎮魂として最大のものは、建久八年の八万四千基の塔供養である［川合二〇〇九］。同年十月四日に、頼朝は「諸国夭亡《ようぼう》の輩、成仏得道のため」（『鎌倉年代記裏書《かまくらねんだいきうらがき》』）に八万四千基の塔供養をおこなった。前述したように、八万四千基の塔供養はインドのアショーカ王の故事にならったものであり、その目的は怨霊調伏と罪障消滅であった［追塩一九九九］。頼朝は塔供養を全国の御家人や寺院に割り当てたが、但馬国（兵庫県北部）守護の安達親長《あだちちかなが》には五百基が割り当てられており、そのうち但馬国分の三百基について同国の進美寺《しんめいじ》（兵庫県豊岡市）で供養している。進美寺は幕府の祈祷所であり、塔供養の際の親長の敬白文《けいびゃくもん》が伝わっている（「源親長敬白文」進美寺文書、『鎌倉遺文』九三七）。

敬白文では「去る保元元年鳥羽一院《とばいちいん》早く耶山《やさん》の雲に隠れ、当帝・新院一天を諍《あらそ》うより已来《いらい》、源氏平氏の乱頻《しき》りに蜂起す。王法仏法倶《とも》に静かならず」として、保元元年（一一五六）の鳥羽《とば》院の死去により「当帝」（後白河《ごしらかわ》天皇）と「新院」（崇徳《すとく》院）が争って以来、源《げん》氏《じ》と平氏《へいし》による兵乱が続いたとする。さらに平清盛《たいらのきよもり》が王法を傾けて仏法を滅ぼしたと批判したうえで、次のように述べている。

爰《ここ》に我君右大将源朝臣天に代わって王の敵を討ち、神に通じて逆臣を伏して、早く一天の陣雲を払い、速やかに四海の逆浪を静む。都鄙《とひ》の貴賤、歓喜の咲を開かざるはなし。但し追罰を行ひ刑害を加ふる間、夭亡の輩数千万なり。平家に駆られて北陸に趣くの輩は、露命を篠原《しのはら》の草下に消し、逆臣に語はれて南海に渡るの族は、浮生を八島《やしま》の浪上に失ふ。此の如きの類、恨みを生前の衢《ちまた》に遺し、悲しみを冥途の旅に含むか。すべからく勝利を怨親に混ぜ、抜済《ばっさい》を平等に頒《わか》つべし。伝え聞く、怨を以て怨に報ずれば、怨世々断つること無し。徳を以て怨に報ずれば、怨転じて親と為る。茲《ここ》に因《よ》り阿育の旧跡を尋ね、八万四千の宝塔《ほうとう》を造立す。

〔訳〕主君である源頼朝が天に代わって王の敵を討ち、神に通じて逆臣を降伏させた。早く戦場の空をおおう雲を払い、速やかに四海の逆浪を鎮めたので、都鄙貴賤で歓喜しないものはいない。ただし、追討をおこなって刑罰を加える間に、死去した者は数千万人である。平家に駆り出されて北陸に赴いた者は、命を篠原（石川県加賀市）の草の下に消し、逆臣に誘われて南海に渡った者は人生を屋島《やしま》（香川県高松市）の波の上で失った。このような人々は恨みを残しており、悲しみを冥途の旅に含んでいる。戦争の勝利を怨親（敵と味方）に混ぜて、抜済（衆生の苦を取り去り難を救うこと）を平等にわかつべきである。伝え聞くところでは、怨みをもって怨みに報いれば、怨みを断つことはない。徳をもって怨みに報いれば、怨みは転じて味方となる。阿育王の旧跡にならって八万四千の宝塔を造立する。

このように、親長の敬白文では、八万四千の宝塔を造立する目的は恨みを残して死んだ敵方の戦死者をも含めて鎮魂することにあり、戦死者の怨みの連鎖を断つことであると述べられている。敵味方の戦死者を平等に鎮魂するとしており、平氏軍として戦死した人々の怨みと悲しみにも言及している。中世社会では「怨親平等《おんしんびょうどう》」の思想により敵も味方も平等であるとして敵味方を問わずに戦死者の鎮魂がおこなわれた。「怨親平等」とは自分に害をなすものと愛を示すものを差別せずに、敵味方すべての犠牲者を供養するという仏教の考え方である。

一方で、源頼朝が王法と仏法を傾けた平氏を天に代わって討ったことを称賛しており、頼朝の軍事的勝利が正当化されている。平氏方の戦死者を責めることはせずにその救済をはかっているが、「逆臣」である平氏軍が追討されたこと自体は肯定しているのである［佐伯真一「『平家物語』と鎮魂」『軍記物語と合戦の心性』文学通信、二〇二一年、初出二〇一五年］。

頼朝の平和政策

近年の鎌倉幕府研究では、頼朝が内乱後の社会を復興させるために、内乱で荒廃した村落を復興させる勧農や敵方武士の赦免といった平和政策をおこなったことが注目されている［川合二〇〇九・二〇二一］。戦死者の鎮魂もこうした平和政策のひとつとして位置付けられている。そこで頼朝による敵方武士の赦免についてもみておきたい。

頼朝は内乱当初より敵方武士の御家人への登用をおこなっている。「石橋《いしばし》合戦余党数輩有ると雖《いえど》も、刑法に及ぶの者、僅かに十の一か」（『吾妻鏡』治承四年十月二十三日条）とあり、石橋山《いしばしやま》合戦で敵対した武士のうち処罰されたのは十分の一ほどであったという。石橋山合戦では相模国と武蔵国の武士の多くが平氏方として行動しており、その大部分は赦免されて御家人に登用されたのである。そうしたなかで相模国の河村義秀《かわむらよしひで》は斬刑に処すべしとされたが、預かり人であった大庭景能《おおばかげよし》によって匿われた。建久元年八月十六日に、景能は義秀を鶴岡放生会《つるがおかほうじょうえ》の流鏑馬《やぶさめ》の射手に推挙した。義秀は射手をつとめて武芸を認められたために、頼朝によって赦免されたうえで本領《ほんりょう》を安堵されている（『吾妻鏡』同日条・同年九月三日条）。

頼朝は長期間にわたって流人として過ごしたために譜代相伝の家人はあまりおらず、挙兵当初より頼朝軍に参加した武士も少数であった。そのために内乱当初より敵方武士を赦免して御家人に登用することが積極的におこなわれたのである。

頼朝は木曾義仲《きそよしなか》や平氏一門を滅ぼしたのちも、一定期間を経たのちに敵方武士を赦免している。たとえば文治三年八月十五日には、鶴岡放生会の流鏑馬に囚人の諏訪盛澄《すわもりずみ》を召し出して射手をつとめさせており、その武芸を認めて赦免している。盛澄は平氏に仕えて在京した経験をもつ武士であった（『吾妻鏡』同日条）。

文治五年の奥州合戦では全国の武士が動員されたが、囚人となっていた敵方武士の赦免もおこなわれた［川合一九九六］。同年七月十九日に頼朝は鎌倉を出発したが、梶原景時《かじわらかげとき》は囚人として預かっていた城長茂《じょうながもち》を従軍させることを進言して許されている（『吾妻鏡』同日条）。城長茂は平氏との関係が深かった越後国（新潟県）の有力武士である。また、同年八月十八日には、安達盛長《もりなが》が預かっていた囚人の筑前房良心《ちくぜんぼうりょうしん》が戦功を挙げたことにより赦免されている。良心は平氏一門であり平宗盛の処刑後に囚人として召し預けられていた（『吾妻鏡』同日条）。

さらに、建久七年六月に頼朝は平氏方の武士を赦免して御家人に登用する方針を定めた。『吾妻鏡』建保二年（一二一四）十二月十七日条には「右大将家の御時、平家の侍参上せしむるの時は、召し仕ふべきの趣、去る建久年中伊賀《いが》大夫誅せらるるののち、定め置かる」とある。すなわち、平家の侍が参上した時には召し使うべきことを、建久年間に平知忠《ともただ》（伊賀大夫）が誅殺された後に決められたとある。平知忠は壇ノ浦合戦で戦死した知盛《とももり》の子息であり、建久七年六月に反乱を企てたとして京都で自害に追い込まれた。知忠の事件後に、頼朝は平氏方武士を御家人として登用することを幕府法として定めたのである［川合二〇二二］。頼朝は内乱当初から敵方武士を個別に赦免していたが、建久七年以降は平氏方武士を赦免して御家人に登用する方針を定めたのである。

また、鶴岡八幡宮寺の供僧《ぐそう》（神社で仏事を修する僧侶）にも平氏一門が登用されている。頼朝の先祖頼義《よりよし》は石清水八幡宮《いわしみずはちまんぐう》（京都府八幡市）を鎌倉の由比《ゆい》郷に勧請《かんじょう》したが、頼朝はそれを小林《こばやし》郷に遷した。鶴岡八幡宮寺は神仏習合の寺院として整備されていき、鎌倉幕府の宗教政策の中心に位置付けられた。鶴岡八幡宮寺の二十五坊の初代供僧のうち十五人は平氏一門の出身であった。平時忠《ときただ》の一門である定暁《じょうぎょう》は、元暦元年（一一八四）に供僧に補任されており、頼朝は内乱収束以前から平氏一門を供僧に登用していた。定暁は、建永元年（一二〇六）には鶴岡八幡宮寺の三代目別当に就いている［貫達人『鶴岡八幡宮寺』有隣堂、一九九六年］。

源頼朝は戦争による報復の連鎖を断ち切るために、敵方武士の赦免と敵方戦死者の鎮魂をおこなった。内乱に勝利して幕府権力を成立させた頼朝にとっては、現実に反乱や報復を実行する可能性のある敵方武士を赦免することに並んで、怨みを残して戦場で落命した敵方の戦死者を鎮魂することも重要な政治課題だったのである。

『平家物語』と鎮魂

『平家物語』の成立圏

『平家物語《へいけものがたり》』は平氏一門の滅亡を描いた軍記物語である。『平家物語』にはさまざまな合戦の説話が収集されており、戦場における武士の最期についても語られている。こうした合戦の説話は敵味方の当事者から生々しく語られたものに淵源があり、武功談であるとともに弔慰談としての性格をもつと評価されている［水原一「説話とその形成」『平家物語の形成』加藤中道館、一九七一年］。合戦の説話そのものが戦死者の鎮魂と密接に関わって生まれたのである。

『平家物語』の成立圏として有力視されているのが、慈円《じえん》によって創建された大懺法院《だいせんぽういん》である［筑土鈴寛『宗教文学・復古と叙事詩』せりか書房、一九七六年、初出一九四二年］。慈円は摂関家《せっかんけ》の藤原忠通《ふじわらのただみち》の子息であり、天台座主《てんだいざす》を四回つとめた僧侶である。歴史書『愚《ぐ》管抄《かんしょう》』を著したことでも知られている。元久元年（一二〇四）十二月、慈円は保元《ほうげん》の乱以来の戦死者を鎮魂するために大懺法院を創建した。大懺法院は白川坊に建立されたが、翌年には吉水坊《よしみず》に移されている。大懺法院では戦死者を鎮魂することで鎮護国家が祈られたが、慈円は説経師《せっきょうし》のほか、声明《しょうみょう》（法会での歌詠）や音曲《おんぎょく》に通じた芸能者を扶持していた。こうした鎮魂の場においてはさまざまな説話や物語が収集されたと考えられている。

『徒然草《つれづれぐさ》』第二二六段では、『平家物語』の作者を信濃前司行長《しなののぜんじゆきなが》という人物とする。

> 後鳥羽《ごとば》院の御時、信濃前司行長、稽古の誉ありけるが、楽府《がふ》の御論議の番に召されて、七徳の舞を二つ忘れたりければ、五徳の冠者《かじゃ》と異名をつきにけるを、心憂きことにして、学問を捨てて遁世したりけるを、慈鎮《じちん》和尚、一芸ある者をば下部までも召し置きて、不便にせさせ給ひければ、この信濃入道を扶持し給ひけり。この行長入道、平家物語を作りて、生仏《しょうぶつ》といひける盲目に教へて語らせけり。さて、山門《さんもん》のことを、ことにゆゆしく書けり。九郎判官《くろうほうがん》のことはくはしく知りて書き載せたり。蒲冠者《かばのかじゃ》のことはよく知らざりけるにや、多くのことどもを記し洩らせり。武士のこと、弓馬《きゅうば》のわざは、生仏、東国の者にて、武士に問ひ聞きて書かせけり。かの生仏が生まれつき

の声を、今の琵琶法師は学びたるなり。

〔大意〕行長は後鳥羽院の時代に論議での失敗を情けなく思って学問を捨てて遁世していたが、慈円（慈鎮和尚）は一芸ある者を召し置いていたので、この行長を世話していた。この行長が平家物語を作って生仏という盲人に教えて語らせた。山門（比叡《ひえい》山延暦寺《ざんえんりやくじ》）のことは特に立派に書いた。義経《よしつね》（九郎判官）のことは詳しく知っていて書き載せた。範頼《のりより》（蒲冠者）のことはよく知らなかったのか、多くのことを書き記し漏らした。武士のことや弓馬の業については、生仏が東国出身だったので武士に尋ね聞いて書かせた。生仏の生まれつきの声を、今の琵琶法師は真似たのである。

ここでは慈円によって扶持された信濃前司行長が『平家物語』を作って生仏という人物に語らせたとされている。『平家物語』が信濃前司行長という個人によって生み出されたと考えることはできないが、『平家物語』の成立圏が慈円の周辺であったことを背景にして、こうした言説が生まれたと考えられている。

大原御幸

『平家物語』の後半部分には、「大原御幸」と呼ばれる建礼門院徳子《けんれいもんいんのりこ》の説話がおさめられている。徳子は壇《だん》ノ浦《うら》合戦で平氏一門とともに落命した安徳《あんとく》天皇の生母であり、京都郊外の大原《おおはら》（京都府京都市左京区）に隠棲した。覚一《かくいち》本『平家物

図22　平徳子系図

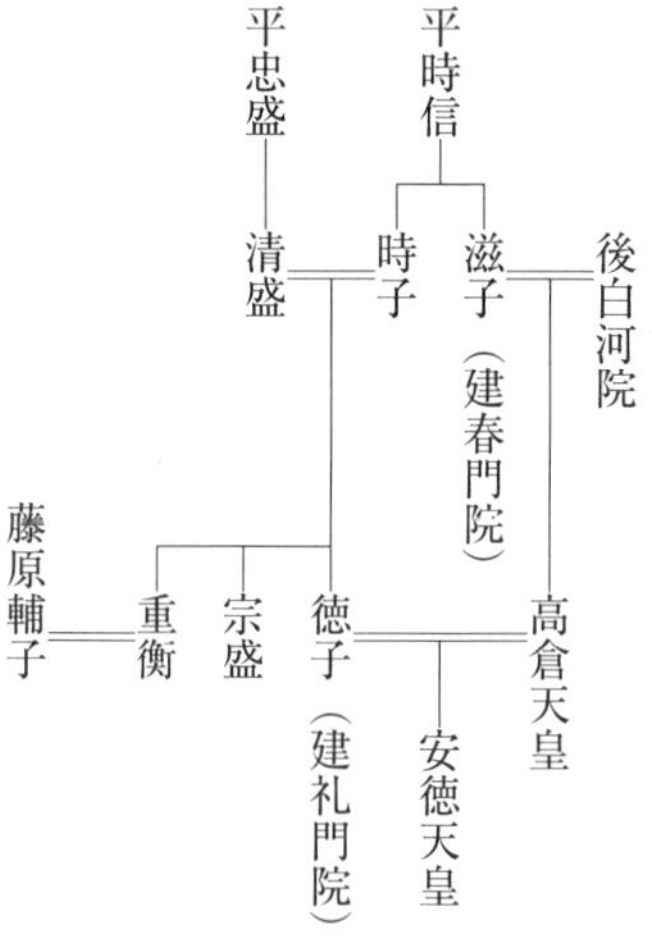

語』では、徳子の説話が「灌頂巻《かんじょう》」として独立してまとめられて最終巻に位置付けられている。『平家物語』の最終巻は、もともとは平維《たいらのこれ》盛《もり》（父は清盛《きよもり》長子の重盛《しげもり》）の子六代《ろくだい》が斬られることにより平氏の子孫が断絶したことを語ることで終結していたが、のちに徳子の説話が最終巻としてまとめられた［上横手雅敬「建礼門院」『平家物語の虚構と真実〈下〉』塙書房、一九八五年］。

平徳子は、清盛の娘であり高倉《たかくら》天皇の中宮（天皇の妃）となって安徳天皇を生んだ。徳子は国母《こくも》（天皇の生母）として平氏一門を統合する存在であり、高倉院の死後には院号《いんごう》を宣下されて女院《にょいん》となった。元暦二年（一一八五）三月の壇ノ浦合戦では母時子《ときこ》と子安徳は入水して亡くなったが、徳子は救出されて京都に戻ったのちに、出家して大原の寂光院《じゃっこういん》に入った。

『平家物語』の「大原御幸」は後白河《ごしらかわ》院が徳子を訪ねたことが主題となっており、徳子の大原隠棲、後白河院の御幸、徳子の往生などが語られている。後白河院の大原御幸は、文治二年四月のこととされる。徳子にとっては夫高倉の父である後白河院は舅にあたるが、都落ちした平氏一門の追討を鎌倉軍に命じたのは後白河院であった。また、徳子は入内の際には後白河院の養女となっており、高倉の死去時には徳子が後白河院の後宮に入ることが噂されるなど、さまざまな因縁があった。

図23　建礼門院像（京都府京都市左京区　寂光院旧蔵，焼失）

『平家物語』は後白河院と徳子の対面について詳述しているが、徳子が後白河院に語った内容は諸本により異同がみられる。佐伯真一氏は徳子の語りには「六道《ろくどう》語り」、「恨み言の語り」、「安徳天皇追憶の語り」の三つの性格があると分析している〔佐伯二〇〇九〕。「六道語り」は諸本に共通してみられるものであり、徳子は生きながらにして六道輪廻《りんね》を経験したと語っている。六道輪廻は仏教の思想であり、人間は地獄、餓鬼《がき》、畜生《ちくしょう》、阿修《あしゅ》羅《ら》、人間、天上の六つの世界に生死を繰り返して迷い続けるというものである。覚一本『平家物語』では「六道語り」は順序よく整然と構成されている［佐伯二〇〇九］。

一方で、「恨み言の語り」は延慶本《えんぎょうぼん》以外の読み本系にみられるものであり、徳子が平氏追討を命じた後白河院に対する恨みを語るものである。一方で延慶本には「恨み言の語り」はみられないが、「安徳天皇追憶の語り」が詳しく叙述されている。

徳子は「世々生々ニモ其面影争カ忘レ侍ベキ」と述べて、安徳天皇の面影を忘れることはないとしたうえで、皇位を継承した幼少の安徳が入水して死去した理由について次のように語ったとされている。

是即我等ガ一門、只官位俸禄身ニ余リ、国家ヲ煩スノミニアラズ、天子ヲ蔑如シ奉リ、神明仏陀ヲ滅シ、悪業所感之故也

（延慶本『平家物語』第六末「法皇小原へ御幸成ル事」）

〔訳〕これはつまり我ら一門がただ官位俸禄が身に余り、国家をわずらわせたのみならず、天子を軽く扱って、神や仏を滅ぼしたという悪業の結果のゆえである。

徳子は安徳の非業の死は平氏一門の悪業による報いであったと述べている。佐伯真一氏は、安徳の死の責任は平氏一門にあるとして菩提を祈る徳子の描かれ方は、『平家物語』

が国家的な鎮魂という課題に関係して生み出されたことによるものと論じている［佐伯二〇〇九］。

徳子の役割

陰陽博士《おんみようはかせ》の記録である『陰陽博士安倍孝重勧進記《おんみようはかせあべのたかしげかんじんき》』には、文治二年（一一八六）四月二十三日に後白河院が大原に赴いたとする記事があり、後白河院の大原御幸は史実と考えられている［猪瀬二〇一六］。前述したように、文治二年三月に後白河院は内乱戦死者を鎮魂するために逆修《ぎやくしゆ》をおこなっており、大原御幸の目的も安徳と平氏一門の鎮魂であった［猪瀬二〇一六］。後白河院は戦死者鎮魂のために大原の徳子を訪ねたのである。

延慶本《えんぎようぼん》『平家物語』では、徳子は壇ノ浦合戦の際に安徳天皇を抱いた母時子とともに入水しようとしたが、時子から次のように制止されたと語っている。

人ノ罪ヲバ、親ノ留リ子ノ残リテ訪ワヌカギリハ、苦患遁《のが》レザムナル物ヲ。サレバ我身コソ今ハ空ク成ルトモ、残留テ、ナドカ先帝ノ御菩提ヲモ、我等ガ苦患ヲモ訪給ハザルベキ。（第六末「法皇小原へ御幸成ル事」）

〔訳〕人間の罪は親が留まり子が残って菩提を弔わない限りは、苦患（死後地獄に落ちて受ける苦しみ）から逃れることはできない。そうであれば私の身はむなしくなっても、あなたは残り留まって、先帝（安徳）の菩提を、私たちの苦患を弔うべきである。

時子の言葉は娘の徳子が安徳天皇と平氏一門の菩提を弔うことを期待するものであり、結果的に徳子が生き残ったという事実を踏まえて形成されたものである可能性もあるが、平氏滅亡後に徳子が果たした役割が端的に示されている。

細川涼一氏は、徳子は生き残って尼寺《あまでら》に入ることにより安徳天皇と平氏一門の菩提を弔うことで、その亡魂を救済する役割を担ったとする［細川一九九三］。徳子は平氏一門の亡魂を六道輪廻から脱出させて極楽浄土への往生に導く役割をはたした。非戦闘員である女性は合戦で殺害されることはなかったために、敗者側の戦死者鎮魂は一門の女性によって担われることが多かったのである。

また、安徳の乳母であった藤原輔子《すけこ》（平重衡《しげひら》の妻）が夫の処刑後に出家して徳子に仕えるなど、尼寺は戦争の敗者側の女性たちが生活する場としても機能していた［細川一九九三］。文治三年二月一日、源頼朝《みなもとのよりとも》は平家没官領《もつかんりよう》のうち摂津国真井荘《まいのしよう》と嶋屋荘《しまやのしよう》を徳子に譲与した。これらの荘園はもともと平宗盛《むねもり》の知行地であり、宗盛の菩提を弔うための措置であったという（『吾妻鏡《あずまかがみ》』同日条）。徳子は戦死した一門を鎮魂するとともに遺族を保護して生活を支えたが、頼朝はそうした徳子に経済的保障を講じたのである。

敗者側の戦死者鎮魂は一門の女性によって担われたのであり、勝者は戦後処理の一環として女性たちを保護した。覚一本『平家物語』において徳子の説話が「灌頂巻」として最終巻に位置付けられた前提として、こうした敗者側の女性として徳子がはたした政治的な役割があったといえよう。

戦争と民衆

治承《じしょう》・寿永《じゅえい》の内乱は列島全体を戦場として数年間にわたって展開しており、地域社会をも巻き込んだ未曽有の戦乱であった。『平家物語』には非戦闘員である民衆が戦乱に巻き込まれたようすも語られている。

寿永三年（一一八四）一月、木曾義仲《きそよしなか》を討つために上洛した鎌倉軍は、勢多《せた》（滋賀県大津市）と宇治《うじ》（京都府宇治市）から京都に攻め込もうとした。源義経を大将軍とする軍勢は宇治から進軍したが、橋は落とされており宇治川《うじがわ》の水量も増していた。義経は大軍を河端に着陣させるために、河端の民家を焼き払うように命じたとされる。

歩行走ノ者共、家々ニ走リ廻テ此由ヲ披露スル処ニ、人一人モナカリケリ。サラバトテ、手々ニ続松ヲ捧テ家々ヲ焼払フ事、三百余家也。馬牛ナムドヲバ取出スニ及バズ、ヤド〱ニ置タリケレバ、皆死ニケリ。其外モ、老タル親ノ行歩ニモ叶ハヌ、タヽミノ下ニカクシ、板ノ下、壺瓶ノ底ニ有ケルモ、皆焼死ニケリ。或ハ逃隠ルベキ力モ無リケルヤサシキ女房姫君ナムドヤ、或ハ病床ニ臥タル浅猿《あさまし》ゲナル者、小者共ニ至マデ、刹那ノ間ニ煨燼《かいじん》トゾナリニケル。

（延慶本『平家物語』第五本「兵衛佐ノ軍兵等付宇治勢田事」）

〔訳〕歩兵が家々に焼き払うことを知らせにいったところ人一人いなかったために、松明《たいまつ》を持っていき三百余りの家々を焼き払った。馬や牛などの家畜は取り出すことができなかったために皆死んでしまった。その他にも、歩行困難のために隠し置かれた老親も皆焼死してしまい、逃げ隠れる力もなかった女性たちや病気の者もあっという間に灰燼となった。

義経は躊躇することなく民家を焼き払うように命じたが、その作戦により高齢者や病人といった弱者が逃げられずに戦火に巻き込まれて落命した。さらに、家屋や家畜といった生活の基盤も瞬時に破壊された。この記事では戦争によって民衆の生命と生活が踏みにじられていったようすが生々しく描写されている［樋口二〇〇二］。

藤戸の漁師

覚一本『平家物語』巻第十「藤戸」には、鎌倉軍の武士によって民衆が殺害されたとする逸話がある。元暦元年十二月、平氏軍が備前国児島《こじま》（岡山県倉敷市）に布陣したのに対して鎌倉軍は藤戸《ふじと》に陣を置いたために、両軍は海を挟んで対陣した。鎌倉軍の佐々木盛綱《ささきもりつな》は馬で浅瀬を渡って戦功を挙げようと考えたために、「浦の男」(漁師)に「この海に馬にてわたしぬべきところやある」と尋ねる。盛綱は漁師に小《こ》袖《そで》や鞘巻《さやまき》を与えて浅瀬に案内させて、その位置を確認した。その後、盛綱は次のような行動をとったという。

「下臈《げろう》はどこともなき物なれば、又人にかたらはれて案内をもおしへんずらん。我ばかりこそしらめ」とおもひて、かの男をさしころし、頸かき切てすててげり。

盛綱は「漁師は他人に浅瀬の場所を話してしまうかもしれない。自分だけが知っていることにしよう」と考えたために、漁師を刺殺して首を掻き切って捨ててしまった。翌日、盛綱は浅瀬を通って平氏軍に攻めかかった。盛綱の武功は「馬にて海をわたす事、天竺《てんじく》・震旦《しんたん》はしらず、我朝には希代のためしなり」と称賛されて、恩賞《おんしょう》として児島を与えられたと語られる。

この逸話は武士の戦功への執念とそのためには手段を選ばない残忍さを伝えているが、覚一本『平家物語』には盛綱の残忍な行為を非難する姿勢はみられない[樋口二〇〇二・佐伯二〇〇四]。漁師が戦争に巻き込まれて落命したことは非難されておらず、盛綱の武功譚としてのみ語られているのである。なお、延慶本『平家物語』では盛綱の武功は語られているが、漁師殺害には言及されていない。

南北朝時代以降には『平家物語』は能の素材ともなった。能「藤戸」には佐々木盛綱によって殺害された漁師の老母が登場する。新領主として児島に入った盛綱に対して、漁師の老母は子息を殺害したことを非難する。盛綱が漁師のために法会を営むと、漁師の亡霊が現れる。漁師の亡霊は「おん弔らひはありがたけれども恨みは尽きぬ妄執を申さんため」に現れたとして殺害された怨みを語ったのちに、仏法の救いを得て「成仏得脱の身」となったとする内容である。

樋口州男氏は、能「藤戸」には武士全体や戦争に対する怒りが込められているとして、民衆の視点からの戦争告発の曲であると評価している〔樋口二〇〇二〕。さらに、能「藤戸」が在地伝承を取り込むことによって成立したと推定している。『平家物語』には民衆の犠牲について非難する姿勢はみられないが、能「藤戸」では武士による民衆殺害が非難の対象となっているのである。

このように、『平家物語』には、武士が合戦を遂行するために民衆の生命を奪ったり、生活の基盤を破壊したりしたようすが描写されている。こうした『平家物語』の記事は、長期間にわたった内乱で非戦闘員である民衆も戦争に巻き込まれて落命したことを伝える重要な史料である。『平家物語』では民衆の犠牲について言及してはいるが、それを非難する姿勢はあまりみられない。内乱後の戦死者鎮魂をめぐっては、直接戦闘に参加しなかったが、巻き添えとなって落命した人々をも含み込んでなされたとする見解がある［久野二〇〇二］。一方で、源頼朝にとって民衆の亡魂はまともに鎮魂の対象と意識されなかったとする見解もある［髙橋二〇一二］。政治権力が内乱における民衆の犠牲をどのように意識したかについては、今後さらに検討すべき課題であるといえよう。

顕彰と神話化

戦死者の顕彰

前述したように、治承四年（一一八〇）の頼朝《よりとも》挙兵時に三浦義明《みうらよしあき》は衣笠城《きぬがさじょう》で戦死した。義明は一族を安房国（千葉県南部）に落ち延びさせたが、自らは城に留まって平氏方の秩父平氏《ちちぶへいし》の軍勢に討たれた。

三浦義明の「勲功」

建久三年（一一九二）七月、源頼朝は征夷大将軍《せいいたいしょうぐん》に任官した。勅使《ちょくし》（天皇の命令を伝える使者）が京都から鎌倉に下向したが、義明子息である義澄《よしずみ》が勅使から除書《じょしょ》（任官の辞令）を受け取る役目を果たした。『吾妻鏡《あずまかがみ》』同年七月二十六日条には「亡父義明命を将軍に献じ訖《おわ》んぬ。その勲功は鬚《ひげ》を剪《き》ると雖《いえど》も、没後に報い難し。仍《よ》って子葉《しよう》を抽賞《ちゅうしょう》せらる」とあり、亡父義明が命を頼朝に献上した勲功は大きいといっても死後には報いがたいので子息を賞せられたとある。頼朝は義明が戦死した「勲功」に報いるために義澄に名誉ある役割を与えたのである。頼朝は衣笠城合戦での三浦義明の戦死を「勲功」と評価して顕彰したのであった。

また、建久五年（一一九四）九月二十九日には、頼朝は義明の菩提を弔うために三浦氏の本拠地である矢部《やべ》郷に寺院を建立しはじめた（『吾妻鏡』同日条）。神奈川県横須賀市の満昌寺《まんしょうじ》には鎌倉時代後期の制作とされる三浦義明の木像が伝来しており、頼朝が建立した寺院が満昌寺の前身となったと考えられている。

図24　観音菩薩立像（神奈川県横須賀市　満願寺所蔵）

一方で、近年の研究では佐原義連《さわらよしつら》（義明子息）が開基とされる満願寺《まんがんじ》との関連も注目されている。境内の発掘調査では浄土庭園の跡や永福寺《ようふくじ》と同系統の瓦が出土しており、現存する観音《かんのん》・地蔵菩薩《じぞうぼさつ》立像は永福寺阿弥陀堂《あみだどう》と同規模の丈六仏《じょうろくぶつ》の脇侍像《わきじぞう》であったと推定されている。そのために、満願寺の前身が頼朝によって義明追善のために建立された寺院であったとする見解が提示されている［瀬谷貴之「総論　運慶」横須賀美術館・神奈川県立金沢文庫編『運慶』吉川弘文館、二〇二二年］。

頼朝挙兵時には武蔵国（東京都・埼玉県・神奈川県東部）を本拠地とする秩父平氏の畠《はたけ》山重忠《やましげただ》、河越重頼《かわごえしげより》、江戸重長《えどしげなが》らは当初は頼朝に敵対しており、衣笠城を攻めて義明を討った。頼朝は房総半島で勢力を盛り返したが、十月には秩父平氏を帰参させることにより武蔵国へと進軍した。その際に、頼朝は三浦一族に対して義明を討った秩父平氏への遺恨を持たぬように言い含めている。三浦一族は仇敵への怨念を抑え込まざるをえなかったのであり、頼朝の義明顕彰には頼朝挙兵に当初より参向した三浦一族への配慮という側面もあった。

なお、三浦氏の畠山重忠への遺恨が消えることはなかった。頼朝死去後の元久二年（一二〇五）に北条時政《ほうじょうときまさ》が主導して重忠が滅ぼされた際には、義明の孫にあたる義村《よしむら》が重忠追討に積極的に関与している［野口実「鎌倉武士と報復」『古代文化』五四号、二〇〇二年］。頼朝挙兵時の合戦は武士たちによって生々しく記憶されていたのである。

　頼朝挙兵時の石橋山《いしばしやま》合戦では義明の甥にあたる佐奈田義忠《さなだよしただ》も戦死した。高橋秀樹氏は、頼朝挙兵時の敗戦は義明と義忠の忠義のエピソードとして頼朝自身の手で幕府の「創造神話」化されてゆくと評価している［高橋二〇〇三］。頼朝は味方の戦死者である義明と義忠を顕彰したが、こうした顕彰は敵味方を問わない戦死者の鎮魂とは異なる性格をもっている。義明は相模国（神奈川県）の有力武士団の家長であり、その顕彰には家長を失った三浦氏への配慮という側面もあった。では、頼朝は義忠をいかなる意図で顕彰したのだろうか。佐奈田義忠に注目することで内乱戦死者の顕彰についてみていきたい。

佐奈田義忠の戦死

　佐奈田義忠は、三浦義明の弟岡崎義実《おかざきよしざね》の嫡子である。父の義実は相模国西部に勢力をもっていた中村宗平《なかむらむねひら》の娘と結婚しており、三浦氏の本拠地である三浦半島からは距離がある大住《おおすみ》郡岡崎《おかざき》（神奈川県平塚市・伊勢原市）を拠点とした。義忠は真田《さなだ》（神奈川県平塚市）に進出して、波多野義景《はたのよしかげ》の娘を妻とした。また、義忠の弟義清《よしきよ》は母方の伯父である土屋宗遠《つちやむねとお》の養子となった。岡崎氏は三浦氏の庶流だが、中村氏《なかむらし》との関係が深かったのである。

治承四年の頼朝挙兵では、義実・義忠父子は土肥実平《どひさねひら》（宗平の子息）とともに当初より頼朝軍に参加した。頼朝軍は伊豆国目代《もくだい》の山木兼隆《やまきかねたか》を討ったのちに相模国へと進軍したが、同年八月二十三日に石橋山（神奈川県小田原市）で平氏方の大庭景親《おおばかげちか》と伊東祐親《いとうすけちか》の軍勢に挟撃されて大敗した。

延慶本《えんぎようぼん》『平家物語《へいけものがたり》』第二末「石橋山合戦事」によれば、頼朝は佐奈田義忠を召し出して「今日ノ軍ノ一番」をつとめるように命じた。義忠は郎等の文三家安《ぶんぞういえやす》に対して「自分は先陣をつとめるので生きて帰ることはないだろう。二人の子どもを頼朝に出仕させて岡崎と佐奈田を継がせて、子どもを後見して自分の菩提を弔ってほしい」と母と妻に伝えるように命じたが、文三は義忠の側から離れることはできないとして、三郎丸を遣わしたという。

義忠は「佐奈多ノ与一《よいち》義忠、生年廿五、源氏ノ世ヲ執給ベキ軍ノ先陣也。我ト思ワム輩ハ出テ組」と名乗って懸け出していった。義忠は大庭景親の弟俣野景久《またのかげひさ》と組み打ちになって景久の首を掻こうとしたが刀が鞘《さや》ごと抜けてしまった。義忠は刀を鞘から抜こうとしたところを、長尾定景《ながおさだかげ》に組み伏せられて討たれた。郎従の文三家安もともに討死した。義実が義忠討死を報告したのに対して、頼朝は「アタラ兵ヲ討セタルコソ口惜ケレ。若《もし》頼朝世

図25　石橋山（神奈川県小田原市）

ニアラバ、義忠ガ孝養ヲバ頼朝スベシ」と述べたという。頼朝は義忠の討死を惜しむとともに菩提を弔うことを約束したのである。

石橋山合戦で頼朝軍は惨敗したが、戦場が土肥実平の所領であったことが幸いして、頼朝は山中を逃走したのちに船で安房国へと逃げ延びることができた。一方で、北条宗時《むねとき》は敗走中に討死しており、工藤茂光《くどうもちみつ》も山中で進退窮まって自害している。頼朝軍は大きな犠牲を出したのであり、頼朝自身も辛くも危機を脱したのである。

延慶本『平家物語』では石橋山合戦で義忠が奮戦のすえに戦死したようすが詳

しく語られており、義忠は郎等に母と妻への遺言を託したとされている。また、義忠を討った長尾定景は合戦後に生け捕られて義忠の父義実に身柄を預けられたが、義実は定景が法華経《ほけきよう》を転読していることに感銘を受けて頼朝に赦免を申請した。『平家物語』にはこうした敵味方の当事者の間から生々しく誕生した合戦譚《たん》が取り込まれたとされており［水原一「説話とその形成」『平家物語の形成』加藤中道館、一九七一年］、延慶本『平家物語』の記事は一定の史実を伝えるものと考えられている。

源頼朝の涙

頼朝は房総半島で再起を図ったが、鎌倉に入る以前から義忠の遺族に配慮している。治承四年九月二十九日には、使者を義忠の母（義実の妻）のもとに遣わした。「これ義忠石橋合戦の時、忽《たちま》ちに命を将に奉り損亡す。殊《こと》に感ぜしめ給ふの故なり」（『吾妻鏡』同日条）とあり、石橋山合戦で義忠が命を捧げて戦死したことを評価したがゆえの対応であった。また、頼朝は義忠の遺児を敵方から守るために頼朝のもとに送るように指示している。合戦直後から義忠の遺族を保護する姿勢を示したのである。

鎌倉幕府権力が成立したのちも、頼朝は義忠の遺族に対する配慮を示している。文治三年（一一八七）十月二日に頼朝は由比ヶ浜《ゆいがはま》で牛追物《うしおうもの》を見物したのちに岡崎義実の館に立ち寄ったが、義忠の子息先法師（のちの実忠《さねただ》）を召し出している（『吾妻鏡』同日条）。「義忠命を石橋戦場に棄て、勲功他に異なるの間、殊《こと》に憐愍《れんびん》し給ふ」とあり、石橋山合戦で戦死した義忠の「勲功」が他に異なるものであるために先法師を憐れんだという。頼朝は佐奈田義忠の戦死を「勲功」としてその遺族を厚遇する姿勢を示したのである。

図26　与一塚（神奈川県小田原市）

文治六年（一一九〇）一月に、二所詣《にしょもうで》の経路が先達《せんだつ》（参詣の案内者）の進言によって変更された。二所詣とは、走湯山《そうとうさん》（現在の伊豆山神社《いずさんじんじゃ》、静岡県熱海市）、箱根山《はこねさん》（現在の箱根神社《はこねじんじゃ》、神奈川県箱根町）、三島社《みしま》（現在の三嶋大社《みしまたいしゃ》、静岡県三島市）の三社に参詣する宗教行事である。『吾妻鏡』ではその理由が次のように説明されている。

路次の石橋山において、佐奈田与一・豊三等墳墓を覧る。御落涙数行に及ぶ。これ件の両人、治承合戦の時、御敵の為に命を奪われ訖んぬ。今更にその哀傷を思食し出で

らるの故なり　（文治六年一月二十日条）

頼朝は参詣経路にある石橋山において佐奈田義忠とその郎従豊三（文三）の墓を見て落涙した。この二人は治承の合戦で敵のために命を奪われたが、その哀傷を思い出したがゆえであった。頼朝が義忠の墓前で落涙するために、先達は石橋山を帰路に通過するように参詣経路の変更を進言した。二所詣は多数の御家人が供奉《ぐぶ》しておこなわれており、頼朝は御家人たちを引き連れて義忠の墓に参詣して涙を流したのである。こうした頼朝の行為は義忠の戦死を顕彰するものといえよう［田辺二〇〇九］。

また、建久六年（一一九五）三月十日に頼朝が東大寺《とうだいじ》供養に赴いた際には義忠の嫡子である岡崎実忠が随兵《ずいひょう》に登用されている（『吾妻鏡』同日条）。東大寺の再建は内乱終結を明示する意義をもっており、義忠顕彰の一環として遺児である実忠が登用されたのである［高橋二〇一五］。

証菩提寺の建立

源頼朝は義忠追善のために鎌倉郊外の山内荘《やまのうちのしょう》（神奈川県鎌倉市・横浜市栄区）に証菩提寺《しょうぼだいじ》を建立した。『吾妻鏡』建長二年（一二五〇）四月十六日条は証菩提寺の修理についての記事であるが、「右大将《うだいしょう》家の御時、佐那田余一義忠の菩提に資せんがため、建久八年建立の後」とあり、「右大将家」（頼朝）の時代に義忠の菩提を弔うために建立された寺院であると説明されている。

なお、『吾妻鏡』では証菩提寺が建立された年を建久八年（一一九七）とするが、文保二年（一三一八）の証菩提寺旧鐘銘では文治五年（一一八九）建立としている。「鎌倉証菩提寺年中行事」（室町時代の成立）には「本願命日　六月廿一日」や「大日堂　岡崎堂と号す」といった記事があり、義忠父の岡崎義実（正治二年六月二十一日に死去）との関係がうかがえる。山内荘は鎌倉の北方に位置する重要な荘園であり、山内経俊《やまのうちつねとし》が頼朝挙兵時に敵対したために、幕府成立後には岡崎氏と姻戚関係にある土肥氏や土屋《つちや》氏が進出していった。岡崎氏も山内荘と関係をもっており、頼朝は義実と協力しながら証菩提寺を整備していったと考えられている。

なお、幕府側の史料である『吾妻鏡』と寺側の史料である鐘銘では建立された年が異なっていることに関しては、文治五年に岡崎氏により小規模な堂宇が建立されて、建久八年に頼朝によって伽藍《がらん》が整備されたとする見解がだされている〔塩澤寛樹「神奈川・証菩提寺阿弥陀三尊像再考」『鎌倉時代造像論』吉川弘文館、二〇〇九年に改稿して所収、初出一九九九年〕。

証菩提寺（神奈川県横浜市栄区）には平安末期の安元元年（一一七五）造像とされる阿弥《あみ》

図27　阿弥陀如来坐像（神奈川県横浜市栄区　証菩提寺所蔵）

陀如来像《だにょらいぞう》が伝来しており、創建時の本尊であったと考えられている。阿弥陀如来像は観音菩薩と勢至菩薩《せいしぼさつ》の立像を脇侍としており、岡崎義実が造立に関与した可能性が高いとされる［山本勉「証菩提寺の仏像物語」『横浜の仏像』横浜市歴史博物館、二〇二二年］。義実は平治《へいじ》の乱で敗死した源義朝《よしとも》（頼朝の父）を追善するために鎌倉の亀ヶ谷《かめがやつ》（現在の寿福寺《じゅふくじ》付近）に堂を建立しており、亀ヶ谷に安置されていた仏像を証菩提寺の本尊に転用したと推定されている［上杉孝良「岡崎義実とその周辺」『三浦一族研究』八号、二〇〇四年］。

　このように、源頼朝は石橋山合戦で戦死した佐奈田義忠の遺族の保護や子息の登用をおこなうとともに、その追善のために鎌倉郊外に証菩提寺を建立した。頼朝は義忠の戦死を「勲功」と捉えて顕彰したのである。義実が父として子息義忠の菩提を弔ったのに対して、頼朝が義忠の戦死を顕彰したことは注目されよう。

では、治承《じしょう》・寿永《じゅえい》の内乱において多くの武士たちが戦死していったなかで、頼朝はなぜ義忠の戦死を顕彰したのだろうか。

正観音像

治承・寿永の内乱では源頼朝が自ら軍勢を率いて出陣をすることは多くはなかった。平氏追討においても弟の範頼《のりより》と義経《よしつね》を代官として軍勢を派遣しており、自らは鎌倉に留まっている。そのため内乱のなかで成立した御家人との主従関係を定着させるために、頼朝は平氏滅亡後に自ら大軍勢を率いて奥州合戦をおこなったのである［川合一九九六］。

一方で、治承四年の挙兵当初には頼朝は自ら軍勢を率いて出陣している。平氏方に大敗した石橋山合戦、甲斐源氏とともに平氏軍と対陣した富士川《ふじがわ》合戦、佐竹氏《さたけし》を攻めた金砂《かなさ》城《じょう》合戦では頼朝自身が軍勢を率いて戦場に赴いていた。

ここで注目されるのは、『吾妻鏡』にみえる頼朝の正観音像《しょうかんのんぞう》の逸話である。石橋山での敗走中に頼朝は髻《もとどり》のなかから正観音像を取り出して巌窟に置いた。土肥実平が意図を尋ねると、自分が討死して敵方に首が渡ったときに髻から仏像が見つかると源氏の大将軍のすることではないと誹られるであろうと述べたという。正観音像は頼朝三歳のときに乳母が清水寺《きよみずでら》に参籠《さんろう》した折に、霊夢の告げにより得たものであった（治承四年八月二十四日条）。頼朝は正観音像を巌窟に置いたまま敗走したが、鎌倉に入ったのちに探索を命じている。十二月二十五日には山中で発見された正観音像が専光房良暹《せんこうぼうりようせん》（走湯山の僧侶）の弟子によって鎌倉に運搬された。『吾妻鏡』によれば「石橋合戦の刻、巌窟に納める所の小像正観音」が到着したために、頼朝は手を合わせて直接受け取ったという。

さらに、文治五年七月十八日、頼朝は奥州合戦に出陣する前に走湯山の良暹に祈祷を依頼したが、鎌倉の邸宅の後山に堂を建立して正観音像を安置するように命じた（『吾妻鏡』同日条）。奥州合戦の戦勝祈願に石橋山合戦にまつわる正観音像を用いたのである。

正観音像は石橋山合戦後の敗走を想起させるものであり、こうした頼朝の行動からは石橋山合戦を幕府開創に関わる合戦として位置付けようとする姿勢を読み取ることができよう。石橋山合戦は敗戦ではあったが、頼朝挙兵という幕府開創の歴史を想起させる意義をもっていたのである。

石橋山合戦では佐奈田義忠の他にも頼朝軍の武士が戦死しているが、なぜ頼朝は義忠の戦死を顕彰したのだろうか。伊豆国の有力武士であった工藤茂光は敗走中に自害しており、頼朝の義兄北条宗時は伊東祐親の軍勢に囲まれて討たれた。茂光と宗時が合戦後の敗走中に落命したのに対して、義忠は先陣という重要な役割をつとめたうえで戦死しており、それゆえに頼朝は義忠の戦死を顕彰したと考えられる。

以上みてきたように、源頼朝は石橋山合戦で先陣をつとめた佐奈田義忠の戦死を顕彰した。自ら軍勢を率いて出陣する機会の少なかった頼朝にとっては、石橋山合戦は頼朝挙兵という幕府開創の歴史を想起させる合戦であった。頼朝は義忠の戦死を顕彰することで、御家人たちに頼朝挙兵という幕府開創の歴史を想起させたのである。

ここで留意されるのが、頼朝が証菩提寺を建立したのが文治五年から建久年間にかけての時期だったことである。この時期は内乱のなかで生まれた鎌倉幕府権力が確立する時期であった。内乱収束後に幕府権力が再編されていく時期に、頼朝は幕府開創の歴史を御家人たちに想起させることにより幕府権力の安定をはかったのである。

幕府開創の神話化

源《みなもとのよりとも》頼朝が石橋山《いしばしやま》にあった佐奈田義忠《さなだよしただ》の墓前で落涙したのは、二所《にしょ》詣《もうで》の途中のことであった。ここで幕府の二所詣についてみておきたい。『吾妻鏡《あずまかがみ》』によれば、頼朝が初めて二所詣をおこなったのは文治四年（一一八八）一月である。同月二十日に頼朝は三百騎の随兵を率いて鎌倉を出発しており、三浦義澄《みうらよしずみ》により相模川《さがみがわ》に浮橋《うきばし》が設けられた（『吾妻鏡』同日条）。このときには、走湯山《そうとうさん》、三島社《みしましゃ》、箱根《はこね》山《さん》の順に参詣している。前述したように、文治六年に先達の進言によって経路が変更されたために、それ以後は箱根山、三島社、走湯山の順に参詣するようになった。

源頼朝の二所詣

なお、頼朝は由比ヶ浜《ゆいがはま》で潮浴をして浄衣《じょうえ》に着替えて精進《しょうじん》をおこなったうえで、鶴岡《つるがおか》八幡宮寺《はちまんぐうじ》に参詣したのちに鎌倉を出発している。また、鎌倉殿《かまくらどの》自身は参詣せずに奉幣使《ほうべいし》（幣帛《へいはく》を捧げるために遣わす使者）を送ることもあった。

二所詣の奉幣先となった三社は、いずれも治承四年（一一八〇）の頼朝挙兵との関わりが深かった。三島社は伊豆国の一宮《いちのみや》であり、頼朝は挙兵直前に安達盛長《あだちもりなが》を派遣して戦勝祈願をおこなっている。また、挙兵当日は三島社の神事の日であった。

図28　箱根神社（神奈川県箱根町）

箱根山は箱根権現《はこねごんげん》をまつっており、中世には神仏習合の霊場であった。箱根権現は走湯権現《そうとうごんげん》とともに天竺《てんじく》（インド）から来臨した神が鎮座したという縁起をもっていた。『吾妻鏡』によれば、挙兵時の別当行実《べつとうぎょうじつ》は父良尋《りょうじん》の時代から河内源氏《かわちげんじ》と関係をもっており、石橋山合戦後に頼朝は行実を頼って一時期箱根山に逃亡したという（治承四年八月二十四日条）。

走湯山も神仏習合の霊場であり、走湯権現をまつっていた。湧き出た温泉が海に流れ出ていたことから「走湯」と呼ばれた。流人時代の頼朝は伊東祐親《いとうすけちか》によって暗殺されそうになった際に走湯山に逃亡したとされる。また、挙兵以前から頼朝は走湯山の僧侶と信仰上の師弟関係を結んでいた。治承四年の石橋山合戦の直前には北条政子《ほうじょうまさこ》が走湯山の覚淵《かくえん》の坊に避難している（『吾妻鏡』同年八月十九日条）。

ここで注目されるのは、真名本《まなぼん》『曾我物語《そがものがたり》』にみえる頼朝の「月詣」の説話である。『曾我物語』は、伊豆国の有力武士であった伊東氏《いとうし》（工藤氏《くどうし》）一族の所領争いのなかで父を暗殺された曾我《そが》兄弟の敵討ちを主題とする軍記物語であるが、流人時代の頼朝についての記事も多くみられる。

真名本『曾我物語』によれば、平氏追討を命じた以仁王《もちひとおう》の令旨《りょうじ》を受け取った頼朝は、走湯山から箱根山へと赴き、三島社を伏し拝んだとされており、毎月三度の奉幣をおこなうことを「月詣」と名付けて欠かさなかったという（真名本『曾我物語』巻第三）。「月詣」は流人時代の頼朝が平氏打倒を祈願しておこなったとされているが、奉幣の対象となった三社は二所詣の奉幣先と同じである。真名本『曾我物語』では二所詣の起源が挙兵を決意した頼朝がおこなった「月詣」として語られているのである。流人時代の頼朝が実際に「月詣」をおこなったかについては慎重になる必要があるが、二所詣が頼朝挙兵と結び付けて意識されていたことがうかがえる。

このように、二所詣は頼朝挙兵に密接に関わった三社に参詣する宗教行事であり、頼朝挙兵の地をめぐる旅でもあった。二所詣に随兵として供奉《ぐぶ》した御家人たちは、頼朝挙兵という幕府開創の歴史を想起したことであろう。二所詣を通して幕府開創の歴史を想起させることは幕府権力を維持するうえで一定の政治的意味をもったと考えられる［田辺二〇〇五］。

二所詣の展開

源実朝《さねとも》、藤原頼経《ふじわらのよりつね》、宗尊《むねたか》親王といった歴代の鎌倉殿も二所詣をおこなっており、二所詣は頼朝以後の鎌倉幕府においても宗教行事として定着していった。建暦二年（一二一二）二月三日には鎌倉殿実朝は生母北条政子とともに二所詣をおこなっている（『吾妻鏡』同日条）。

同月下旬には相模川の橋が老朽化したことが問題となった。相模川の橋は建久九年（一一九八）に武蔵国の武士である稲毛重成《いなげしげなり》が亡妻供養のために新造したものであったが、頼朝は橋の完成供養の帰りに落馬してほどなくして死去しており、重成は元久二年（一二〇五）の畠山重忠《はたけやましげただ》事件の際に誅殺された。そのため幕府の評議では橋の修復はしない方針となった。しかし、鎌倉殿の実朝は橋を不吉とすべきではなく「二所御参詣要路」であるので早く修復するように命じたという（『吾妻鏡』建暦二年二月二十八日条）。実朝は二所詣のための交通路の整備を重視していたのである。

実朝の家集『金槐和歌集《きんかいわかしゅう》』には、実朝が二所詣の際に詠んだ歌が収められている。

箱根路を　われ越えくれば　伊豆の海や　沖の小島に　波の寄る見ゆ

（箱根の道を越えてくると、伊豆の海の沖の小島に、浪の寄せているのが見える）

箱根山から走湯山に向かう途中で相模灘を望んだ情景を詠んだものであり、東国を支配する鎌倉殿としての自負心がうかがわれる。

建保七年（一二一九）一月の実朝暗殺後には、摂関家《せっかんけ》の九条道家《くじょうみちいえ》の子三寅《みとら》が後継に擁立されて北条政子が鎌倉殿として政務を主導した。貞応三年（一二二四）一月に政子は二所詣をおこなっており、自身は参詣せずに三浦義村《みうらよしむら》を奉幣使として派遣している。嘉禄元年（一二二五）に政子が死去すると、三寅（藤原頼経）は元服して将軍に任官した。頼経は二所詣をおこなって奉幣使を派遣しているが、この時期には頼経の御台所《みだいどころ》（将軍の妻）である竹御所《たけのごしょ》も自ら奉幣使を派遣している。竹御所は二代鎌倉殿の源頼家《よりいえ》の娘であり、政子の孫娘として源氏将軍家の後継者になっていた。政子や竹御所といった源氏将軍家の女性たちが二所詣をおこなっていることは注目される。

また、鎌倉後期には得宗《とくそう》（北条氏嫡流の家督）の北条貞時《さだとき》や高時《たかとき》も二所詣をおこなっている。鎌倉殿による二所詣もおこなわれ続けたが、鎌倉末期には得宗による二所詣も恒例化した。伊豆国の武士であった北条氏は幕府成立後には鎌倉を拠点としたが、二所詣によって伊豆国との関係は維持された。頼朝挙兵という幕府開創の歴史は二所詣を通して意識され続けたのである。

歴史としての石橋山合戦

頼朝挙兵を幕府草創とする意識は御家人たちにも共有されたようである。建仁元年（一二〇一）五月六日、佐々木経高《ささきつねたか》（経蓮《けいれん》）は「関東草創の最初、大夫尉《たいふのじょう》兼隆《かねたか》を誅せしめ給ふの時、経蓮兄弟四人、討手人数に列して以降」の勲功を款状《かんじょう》（嘆願書）にまとめている（『吾妻鏡』同日条）。経高は山木兼隆《やまきかねたか》を誅殺したとき以降の勲功を主張しており、山木《やまき》合戦を「関東草創の最初」としている。また、建永二年（一二〇七）六月二日には、天野遠景《あまのとおかげ》が「治承四年八月山木合戦」以降の勲功を主張して恩賞給付を要求している（『吾妻鏡』同日条）。経高と遠景はともに頼朝挙兵に当初より参加しており、幕府草創以来の勲功を自負していたのである。

ここで留意されるのは、頼朝挙兵直後の石橋山合戦には頼朝方として従軍した武士は少数であり平氏方の大庭景親《おおばかげちか》に従って参戦した武士が多かったという事実である。『吾妻鏡』では頼朝軍三百騎に対して大庭方は三千騎であったとしている。頼朝の乳母子である山内経俊《やまのうちつねとし》でさえも頼朝からの参陣要請を断って大庭方として参戦していた。

平氏方として参戦した武士たちの多くは、相模国の梶原景時《かじわらかげとき》や曾我祐信《そがすけのぶ》、武蔵国の熊谷直実《くまがいなおざね》のように合戦後に赦免されて頼朝の御家人になった。山内経俊も母（頼朝の乳母）の助命により赦免されたのちに御家人に登用されている。鎌倉幕府の御家人となった武士のなかで石橋山合戦に頼朝方として従軍していたのは、北条氏、工藤氏、中村氏《なかむらし》、三浦氏《みうらし》などに限定されるのである。

武蔵国の御家人である久下氏《くげし》は石橋山合戦には平氏方として参戦したが、西源院本《せいげんいんぼん》『太平記《たいへいき》』では久下氏の家紋の由緒は石橋山合戦にあると語られている。元弘三年（一三三三）五月、有力御家人であった足利尊氏《あしかがたかうじ》は鎌倉幕府から離反することを決断して丹波国篠村《しのむら》（京都府亀岡市）に陣を置いたが、そこに丹波国の武士である久下時重《ときしげ》が一番に参集した。久下氏の本拠地は武蔵国大里《おおさと》郡久下郷（埼玉県熊谷市）であったが、のちに丹波国にも所領を獲得して西遷していたのである。尊氏が家臣の高師直《こうのもろなお》に「久下の旗に『一番』と書いてあるのは、もとからの家の紋であるのか、それとも一番に参じたためであるのか」と尋ねたところ、師直は次のように答えたとされている。

これは由緒ある紋にて候ふ。かれが先祖、武蔵国の住人久下次郎重光《じろうしげみつ》、頼朝大将殿土《ど》肥《ひ》の杉山《すぎやま》にて御旗を挙げられて候ひける時、一番に馳せ参つて候ひけるを、大将殿御感候ひて、「もしわれ天下を保たば、一番に恩賞を取らすべし」と仰せられて、自ら一番と云《い》ふ文字をあそばされてたびて候ひけるを、やがてその家の紋となして候ひける

（第九巻「五月七日合戦の事」）

〔訳〕これは由緒ある紋である。彼の先祖である武蔵国の住人久下次郎重光が頼朝大将殿が土肥の杉山にて旗揚げなされたときに一番に馳せ参じたのを、大将殿が感心なさって「もし自分が天下を支配したならば、一番に恩賞を取らせよう」と仰せになられて、自ら一番という文字をお書きになられて与えられたのを、そのまま家紋としたのである。

ここでは久下氏の「一番」の家紋には、先祖重光が頼朝挙兵時に一番に馳せ参じたために、頼朝から「一番」という文字を賜ったという由緒があると説明されている。「土肥の杉山」は石橋山周辺の地名であり、「頼朝大将殿土肥の杉山にて御旗を挙げられて候ひける時」は石橋山合戦のことを指している。

西源院本『太平記』の記事からは、鎌倉時代の後期には久下氏の家紋が石橋山合戦の際に頼朝方として参戦して褒賞されたことに由来するという言説が存在していたことがうかがわれる。しかし、延慶本《えんぎょうぼん》『平家物語《へいけものがたり》』では平氏方として参戦した武士として重光の父直光が挙げられており、実際には重光も父とともに平氏方として参戦したと思われる。久下氏は石橋山合戦では頼朝と敵対したにもかかわらず、家紋の由緒は頼朝方として参戦して褒賞されたことにあると主張していたのである。

なお、熊谷氏《くまがいし》の家紋は「蔦《つた》ニ鳩《はと》」であるが、江戸時代の文献ではこの家紋が石橋山合戦での熊谷直実の戦功に由来すると説明されている。中世の史料では裏付けることはできないが、熊谷氏もまた家紋の由緒を先祖の石橋山合戦での戦功に求めていた。

このように、武蔵国の武士である久下氏は石橋山合戦では頼朝と敵対したにもかかわらず、鎌倉時代後期には先祖が石橋山合戦で頼朝から戦功を賞されたとする史実とは異なる由緒を主張していた。久下氏が家の歴史の起源を石橋山合戦における戦功に求めたことは、頼朝挙兵を幕府開創の歴史として意識することが頼朝方として参戦した武士に限定されることなく御家人社会に共有されていったことを示唆していよう。

義忠顕彰の継承

佐奈田義忠の顕彰は頼朝死後の鎌倉幕府においても継承された。正治二年（一二〇〇）三月十四日、老齢の岡崎義実《おかざきよしざね》は北条政子に「義忠追善のために寺院に所領を寄進しようとしても、残っている所領は僅かである」と泣いて訴えた。政子は石橋山合戦の頃に「大功」があったとして、鎌倉殿の頼家に所領を与えるように伝達している（『吾妻鏡』同日条）。義実が義忠追善を理由にして恩賞を嘆願したのに対して、頼朝の後家である政子はその要求に応えたのである。なお、同年六月に義実は八十九歳で死去した。

ちなみに、義忠の遺児である岡崎実忠は、建暦三年（一二一三）の和田《わだ》合戦で叔父の土屋義清《つちやよしきよ》とともに和田方に与《くみ》したために、合戦後に子息の義国《よしくに》、実村《さねむら》とともに誅殺された。実忠父子の滅亡により岡崎氏は没落したのである。

岡崎氏の没落後も証菩提寺《しょうぼだいじ》は維持されていった。建保三年（一二一五）五月十二日には、鎌倉殿の源実朝が証菩提寺に参詣している（『吾妻鏡』同日条）。さらに、建保四年（一二一六）八月二十四日には、執権《しっけん》北条義時《よしとき》が実朝の命を受けて証菩提寺で義忠追善のために仏事をおこなっている（『吾妻鏡』同日条）。岡崎氏の没落後も幕府は義忠追善をおこなったのである。

なお、和田合戦後に義時は証菩提寺の立地する山内荘《やまのうちのしょう》を獲得しており、のちに証菩提寺には泰時《やすとき》（義時の長子）の娘である小菅谷殿《こすがやどの》によって新阿弥陀堂が建立された［湯山学『鎌倉北条氏と鎌倉山ノ内』自費出版、一九九九年］。証菩提寺は山内荘の領主となった北条氏との関係を深めていったのである。

前述したように建長二年（一二五〇）四月十六日には、住持《じゅうじ》の申請を受けて証菩提寺の修理について評議がおこなわれている。証菩提寺は建長二年段階においても「佐那田余一義忠の菩提に資せんがため」に建立された寺院であると認識されていた（『吾妻鏡』同日条）。

このように、和田合戦により義忠の子孫である岡崎氏が没落したのちも、証菩提寺における義忠追善は鎌倉幕府の保護を受けておこなわれた。北条氏が主導した幕府はなぜ義忠顕彰を継承したのだろうか。金永氏は、北条氏は源氏将軍の記憶のなかに自らを位置付けることで頼朝の記憶を喚起しつづけながら御家人社会に君臨していたと指摘している［金永「摂家将軍期における源氏将軍観と北条氏」『ヒストリア』一七四号、二〇〇一年］。北条氏は頼朝挙兵に当初より参加しており石橋山合戦にも時政《ときまさ》、宗時《むねとき》、義時が従軍していた。そうした歴史をもつ北条氏は、頼朝挙兵という幕府開創の歴史を再生産しようとした頼朝の政治的意図を継承できる立場にあったと考えられる。

北条氏は頼朝挙兵に参加することにより歴史の表舞台に登場したのであり、頼朝挙兵という幕府開創の歴史を再生産することは、自己の政治権力を正統化する意味をもったといえよう。

戦死者の顕彰

源頼朝は石橋山合戦で先陣をつとめた佐奈田義忠の戦死を顕彰した。内乱当初に戦死した義忠は幕府開創の苦難の歴史を想起させる政治的存在となったのである。岡崎氏の没落後も幕府は義忠を顕彰しており、三浦氏の先祖として意識された三浦義明《よしあき》とは異なる次元で顕彰され続けた。

前述したように、中世社会では「怨親平等」の思想により敵も味方も平等であるとして敵味方を問わずに戦死者の鎮魂がおこなわれた。治承《じしょう》・寿永《じゅえい》の内乱以降においても、蒙《もう》古襲来《こしゅうらい》後には北条時宗《ときむね》が戦死者鎮魂のために円覚寺《えんがくじ》を建立しており、鎌倉幕府滅亡後にも後醍醐《ごだいご》天皇が北条高時《たかとき》の旧宅に宝戒寺《ほうかいじ》を建立して北条氏一門の戦死者を弔っている。

中世社会では戦争収束後に政治権力による敵味方の戦死者の鎮魂がおこなわれることで、報復の連鎖を解消するとともに勝者による戦争終結が正当化された。一方で、味方の戦死者を顕彰することで戦争の歴史が再生産されることもあった。

鎌倉幕府は治承・寿永の内乱のなかで生まれた政治権力であり、その開創の歴史を想起させるために内乱当初に戦死した佐奈田義忠は顕彰され続けた。敵方をも含む戦死者鎮魂が中世社会の基調ではあったが、味方の戦死者の顕彰もおこなわれていたのであり、中世の政治権力による戦死者への対応については多面的に捉える必要があるといえよう。

戦死者のゆくえ――エピローグ

平忠度の墓

生田《いくた》の森《もり》・一《いち》の谷《たに》合戦で平忠度《たいらのただのり》は鎌倉軍の岡部忠澄《おかべただずみ》によって討たれた。忠度は藤原俊成《ふじわらのとしなり》に師事した歌人でもあり、平氏都落ちの際に俊成の邸宅に立ち寄って自分の歌が勅撰集《ちょくせんしゅう》に入ることを望んだとする逸話はよく知られている。

延慶本《えんぎょうぼん》『平家物語《へいけものがたり》』第五本「薩摩守忠度被討給事」では、忠度の壮絶な最期が語られている。忠度は岡部の郎等によって左腕を斬られたが、少しも怯むことなく右腕だけで忠澄を投げた。忠度は忠澄によって組み伏せられたが、名乗ることを拒んで討たれたという。忠澄が首を太刀の先に刺し貫いて「これは誰の首か」と言ったところ、忠度の首であることがわかったと語られる。

一方で、覚一本《かくいちぼん》『平家物語』巻第九「忠度最期」では、岡部忠澄は敵を討ったのちに、箙《えびら》に結び付けられた文に書かれていた和歌を見つけたことにより忠度を討ったことに気付いたとされる。

行くれて　木の下かげを　やどとせば　花やこよひの　あるじならまし

（旅に行って暮れて桜の花の下を宿とすれば、花が今夜の宿の主であろう）

「旅宿花」という題の和歌には「忠度」と書き付けられていた。忠澄が忠度の首を太刀の先に貫いて名乗りを挙げると、敵味方ともに「武芸にも歌道にも優れてよき大将軍を」と言ってその討死を惜しんだと語られている。

現在も兵庫県内には二つの場所に忠度の塚が伝わっている［室井二〇一五］。ひとつは、神戸市長田区の「胴塚」と「腕塚」であり、それぞれ忠度の胴と腕が埋められた場所とされる。もうひとつは、明石市の「忠度塚」と「腕塚神社」であり、やはり胴と腕の埋葬地であると伝わる。『平家物語』では忠度が左腕を斬られたすえに討たれたと語られているために、古戦場の近くに「腕塚」の伝承が生まれたのであろう。

忠度の墓は一の谷から遠く離れた関東地方にも存在する。埼玉県深谷市の清心寺《せいしんじ》には忠度の墓がある。五輪塔《ごりんとう》と板碑《いたび》が並んでおり、市の史跡に指定されている。忠度を討った忠澄の本拠地である武蔵国榛沢《はんざわ》郡岡部は深谷市西部（旧岡部町）に位置する。
江戸時代の地誌である『新編武蔵風土記稿《むさしふどきこう》』では、清心寺の「忠度桜」について次のように説明されている。

図29　平忠度の墓（埼玉県深谷市　清心寺）

此木の下に忠度が墓とて古き五輪の塔立り、高三尺許《ばかり》、台石に梵字《ぼんじ》を彫付たり、又側に青き板碑一基あれど、これも阿字のみ彫れり、相伝ふ岡部六弥太忠澄薩摩守忠度を討し、後其菩提の為に当所に墓を立、此桜を植しと云、されど其頃植たる木とも見えず、後人忠度が桜花の和歌の意により植しものなるべし。

（巻之二百三十一　榛沢郡之二）

平忠度を討った岡部忠澄がその菩提を弔うために墓を建立して桜を植えたとされているが、桜はその頃の木とは思えないので、後の人が忠度の桜の和歌にちなんで植えたものであろうと述べられている。忠度の墓と忠澄の関係は中世の史料では確認できないが、敵方武士の鎮魂に関わる伝承として興味深い。忠度の墓についての伝承が『平家物語』が流布していくなかで生まれたものであったとしても、地域社会で治承《じしょう》・寿永《じゅえい》の内乱の戦死者の鎮魂が意識されていたことは注目されよう。

佐奈田義忠への信仰

源　頼朝《みなもとのよりとも》によって顕彰された佐奈田義忠《さなだよしただ》は、鎌倉幕府の滅亡後も人々に忘れ去られることはなかった。南北朝時代の禅僧である義堂周信《ぎどうしゅうしん》は、鎌倉公方《かまくらくぼう》の足利基氏《あしかがもとうじ》（尊氏《たかうじ》の子息）に招かれて東国で活動した。周信はしばしば熱海《あたみ》（静岡県熱海市）へ湯治に訪れているが、「石橋山弔古」と題した漢詩を作っており、石橋山の義忠の墓に立ち寄っている。義忠の墓はおそらく地域の民衆や僧侶によって維持されていたのであろう。

また、狂言の『文蔵《ぶんぞう》』には「石橋山の合戦物語」が登場する。主人から都の伯父のもとで食べたものは何かと尋ねられた太郎冠者《たろうかじゃ》は「つねづねこなたの読ませらるる、草紙の内にある物を食べました」と答えたために、主人は石橋山合戦のあらましと佐奈田義忠の戦死について語って聞かせた。

老武者一騎、白柄の長刀かい込うで、尾花葦毛《おばなあしげ》の馬に乗り、荻すすきをかきわけかきわけ、「真田殿《さなだどの》、与市殿《よいちどの》」と呼ばわる。新吾駈け合い、「おことは誰ぞ」と尋ぬれば、「真田が乳人に文蔵」と答うる。

主人が義忠の郎等文蔵（文三）が名乗る場面を語ると、それを聞いた太郎冠者は「その文蔵を食べました」と答えたために、食べたものが「温糟粥《うんぞうがゆ》」（十二月八日の法会に禅宗寺院で食した粥）であるとわかったという。

狂言『文蔵』は合戦の物語に登場する「文蔵」から「温糟粥」を思い出すことが主題となっており、石橋山合戦の義忠戦死譚《たん》が流布していたことが前提となっている。読み本系の『平家物語』では頼朝挙兵について詳しく語られており、おそらく『平家物語』を通して人々の間に石橋山合戦における義忠戦死譚が広まっていったのであろう。

現在も石橋山には「与一塚」と呼ばれる義忠の墓があり、その菩提を弔うために佐奈田霊社が建てられている。付近に

図30　佐奈田義忠の墓（神奈川県平塚市　天徳寺与一堂）

図31　佐奈田義忠の木像（神奈川県平塚市　天徳寺与一堂）

は義忠が景久《かげひさ》と組み打ったとされる「ねぢが畑」も伝わる（『新編相模国風土記稿《さがみのくにふどきこう》』巻之三十一村里部足柄下《あしがらしも》郡巻之十）。義忠は痰により声が出なかったために討たれたとする伝承が生まれたために、佐奈田霊社は咳や喉の病気に利益があるとして信仰されており、喉に効くとされる「佐奈田飴」が授与されている。

また、義忠の本拠地であった真田《さなだ》（神奈川県平塚市）には、戦国時代に小田原北条氏《おだわらほうじょうし》の家臣である鈴木隼人《すずきはやと》を中興開基として天徳寺《てんとくじ》が再興された（『新編相模国風土記稿』巻之五十村里部大住《おおすみ》郡巻之九）。天徳寺は義忠の館跡とされており、与一堂には義忠の木像と墓碑が伝わっている。現在も石橋山合戦がおこなわれた八月二十三日に祭礼がおこなわれている。

治承・寿永の内乱で戦死した佐奈田義忠は地域社会において信仰の対象となっていった

のである。

戦死者のゆくえ

中世社会では敵方をも含んで戦死者鎮魂がおこなわれており、近代の靖国神社《やすくにじんじゃ》が「天皇の軍隊」のみをまつるのとは大きく異なるものであったと位置付けられている〔久野一九九三〕。一方で、本書で論じたように源頼朝は佐奈田義忠の戦死を顕彰しており、中世においても味方の戦死者を顕彰することがあった。

こうした戦死者の顕彰は中世後期においてもみられる。薩摩国（鹿児島県西半部）の島《しま》津忠良《づただよし》は、本拠地の加世田《かせだ》（鹿児島県南さつま市）で敵方をも含む戦死者の供養をおこなったが、その際に自ら「戦亡帳」を手に味方の戦死者の名を読み上げたという〔立花基「戦国期島津氏の彼我戦没者供養」『日本歴史』七六二号、二〇一一年〕。

中世末期から近世初期にかけては大規模な戦争により多くの戦死者が生み出されたが、近世社会においても味方の戦死者の顕彰はおこなわれている。京極高次《きょうごくたかつぐ》によって高野山《こうやさん》奥の院（和歌山県高野町）に建立された「大津城籠城戦死者追弔碑《おおつじょう》」は、慶長五年（一六〇〇）の大津城籠城戦で戦死した家臣を供養したものである。

また、筑後国（福岡県西南部）の柳川《やながわ》藩では藩祖以来の戦死者を供養する法会がおこなわれていた。先祖高橋紹運《たかはしじょううん》（立花宗茂《たちばなむねしげ》の実父）とともに岩屋《いわや》合戦で戦死した家臣たちの祭祀をはじめとして藩祖以来の戦死者たちが顕彰されたという。柳川（福岡県柳川市）には藩に仕えた名誉の戦死者をまつる八十臣《やそのおみ》神社も創建された［森謙二「近世の戦死者祭祀」村上興匡・西村明編『慰霊の系譜』森話社、二〇一三年］。

さらに、近世初期には村落間紛争が村の代表者による鉄火起請《てっかきしょう》によって解決されることがあった。近代になると鉄火起請にまつわる慰霊碑や鉄火塚が建立されるようになったが、地域の犠牲者を地域社会が慰霊顕彰する行為そのものは近世から存在したと考えられている［清水克行「耳塚・鼻塚・鉄火塚」村上興匡・西村明編『慰霊の系譜』森話社、二〇一三年］。村落間紛争の犠牲者を顕彰する行為も戦死者の顕彰と関連する問題であるといえる。

中世の戦死者に対する鎮魂や顕彰については、こうした近世における戦死者に対する鎮魂、顕彰、信仰といった問題をも見通しながら、今後さらに検討していく必要があろう。

あとがき

本書は、治承・寿永の内乱の戦死者に注目することで、日本中世の戦争と社会について考察することを目指したものである。近年の中世史研究や中世文学研究の成果を踏まえて叙述することを心掛けたが、不十分な点もあるかと思う。

石橋山合戦で戦死した佐奈田義忠《さなだよしただ》に関心をもったきっかけは、卒業論文のテーマを走湯山《そうとうさん》と神功皇后伝説にしたことにある。走湯山（現在の伊豆山神社）と鎌倉幕府の関係について調べていくなかで、源頼朝が二所詣の際に義忠の墓で涙を流したという逸話が気になった。頼朝の涙には自らの挙兵を幕府開創として位置付ける政治的な意図があったと考えるようになり、卒業論文では走湯山と鎌倉幕府の開創神話について論じた。卒業論文の一部をまとめ直して鎌倉幕府の二所詣について考察したのが、最初に発表した論文である。

石橋山の古戦場は、JR東海道線の根府川《ねぶかわ》駅の北方に位置している。根府川駅は相模灘をのぞむ小さな無人駅だが、子どもの頃に家族でみかん狩りに行った際には、この駅を利用していた。その時は歴史に興味をもっていなかったが、のちに自分が行ったことのある場所の近くに古戦場があることを知り、頼朝挙兵の歴史を身近に感じるようになった。

ある年の夏休みに、私は永井路子『相模のもののふたち』（有隣堂、一九七八年）を手にして、義忠の本拠地であった真田と父義実《よしざね》の本拠地であった岡崎を歩いた。永井氏が取材した時代よりも開発は進んでいるものの、関係する史跡が点在している。石橋山合戦がおこった日にあわせて真田では祭礼がおこなわれていた。義忠をまつる与一堂《よいちどう》では、地域の方のご厚意で義忠の墓と木像を見学した。本書に掲載した写真はその時に撮影したものである。歴史の舞台を自分で歩くことができるのが、歴史学の魅力だと思う。

私は大学卒業後に公立高校の教員になったが、仕事をしながら研究を続けてきた。授業中の生徒の反応が自分の研究のヒントになることもあった。近年、学校教育の現場はますます多忙になっており、歴史学と歴史教育の距離が広がっているように思われるが、高校の教員が自分の勉強を継続することは大切なことだと考えている。仕事と研究を両立できているかは自信がないが、今まで研究を継続できたのは多くの方々に助けられてきたおかげである。改めて感謝したい。

吉川弘文館の堤崇志氏から本書執筆の依頼を受けたのは、二〇一九年一月のことである。執筆が遅れてしまったことをお詫びするとともに、堤氏と編集を担当いただいた高木宏平氏に心より感謝申し上げたい。

二〇二三年八月六日

田　辺　旬

参考文献

秋山哲雄「都市鎌倉における永福寺の歴史的性格」『鎌倉を読み解く』勉誠出版、二〇一七年、初出二〇一〇年。

猪瀬千尋「文治二年大原御幸と平家物語」『中世文学』六一号、二〇一六年。

上横手雅敬「鎌倉・室町幕府と朝廷」『日本中世国家史論考』塙書房、一九九四年、初出一九八七年。

追塩千尋『日本中世の説話と仏教』和泉書院、一九九九年。

大村拓生「儀式路の変遷と都市空間」『中世京都首都論』吉川弘文館、二〇〇六年、初出一九九〇年。

勝俣鎮夫「死骸敵対」網野善彦・石井進・笠松宏至・勝俣鎮夫『中世の罪と罰』講談社学術文庫、二〇一九年、初出一九八三年。

川合　康『源平合戦の虚像を剥ぐ』講談社学術文庫、二〇一〇年、初出一九九六年。

川合　康『源平の内乱と公武政権』吉川弘文館、二〇〇九年。

川合　康『源頼朝』ミネルヴァ書房、二〇二一年。

菊地　暁「〈大路渡〉とその周辺」『待兼山論叢　日本学篇』二七号、一九九三年。

黒田日出男「首を懸ける」『月刊百科』三一〇号、一九八八年。

五味文彦『武士と文士の中世史』東京大学出版会、一九九二年。

佐伯真一「「越中前司最期」と合戦の功名」『軍記物語と合戦の心性』文学通信、二〇二一年、初出二〇〇三年。

佐伯真一『戦場の精神史』日本放送出版協会、二〇〇四年。

佐伯真一『建礼門院という悲劇』角川選書、二〇〇九年。

平　雅行『鎌倉仏教と専修念仏』法蔵館、二〇一七年。

高橋秀樹「三浦介の成立と伝説化」『三浦一族の研究』吉川弘文館、二〇一六年、初出二〇〇三年。

高橋秀樹『三浦一族の中世』吉川弘文館、二〇一五年。

髙橋昌明「日本中世の戦闘」『武士の成立　武士像の創出』東京大学出版会、一九九九年。

髙橋昌明『都鄙大乱』岩波書店、二〇二一年。

田辺　旬「鎌倉幕府二所詣の歴史的展開」『ヒストリア』一九六号、二〇〇五年。

田辺　旬「鎌倉幕府の戦死者顕彰」『歴史評論』七一四号、二〇〇九年。

田辺　旬「中世の戦争と鎮魂」高橋典幸編『戦争と平和』竹林舎、二〇一四年。

戸川　点『平安時代の死刑』吉川弘文館、二〇一五年。

樋口州男「中世の内乱と鎮魂」『日本中世の伝承世界』校倉書房、二〇〇五年、初出二〇〇二年。

久野修義「中世寺院と社会・国家」『日本中世の寺院と社会』塙書房、一九九九年、初出一九九三年。

久野修義「東大寺大仏の再建と公武権力」『日本中世の寺院と社会』塙書房、一九九九年、初出一九九四年。

久野修義「中世日本の寺院と戦争」歴史学研究会編『戦争と平和の中近世史』青木書店、二〇〇一年。

細川涼一「中世の尼と尼寺」『中世寺院の風景』新曜社、一九九七年、初出一九九三年。

牧野淳司「天下乱逆をめぐる唱導」日下力監修、鈴木彰・三澤裕子編『いくさと物語の中世』汲古書院、二〇一五年。

牧野淳司「後白河法皇と建礼門院の「鎮魂」」松尾葦江編『軍記物語講座第二巻　無常の鐘声―平家物語』、花鳥社、二〇二〇年。

室井康成『日本の戦死塚　増補版　首塚・胴塚・千人塚』角川文庫、二〇二二年、初出二〇一五年。

著者紹介

一九八一年、東京都に生まれる
二〇〇四年、東京都立大学人文学部史学科卒業
二〇一二年、大阪大学大学院文学研究科博士後期課程修了、博士（文学）
現在、東京都立浅草高等学校教諭

〔主要論文〕
「北条政子発給文書に関する一考察」（『ヒストリア』二七三号、二〇一九年）

歴史文化ライブラリー
579

戦死者たちの源平合戦
生への執着、死者への祈り

二〇二三年（令和五）十一月一日　第一刷発行

著　者　田《た》辺《なべ》　旬《じゅん》
発行者　吉川道郎
発行所　株式会社 吉川弘文館
東京都文京区本郷七丁目二番八号
郵便番号一一三—〇〇三三
電話〇三—三八一三—九一五一〈代表〉
振替口座〇〇一〇〇—五—二四四
http://www.yoshikawa-k.co.jp/

印刷＝株式会社 平文社
製本＝ナショナル製本協同組合
装幀＝清水良洋・宮崎萌美

ISBN978-4-642-05979-4

歴史文化ライブラリー

1996.10

刊行のことば

現今の日本および国際社会は、さまざまな面で大変動の時代を迎えておりますが、近づきつつある二十一世紀は人類史の到達点として、物質的な繁栄のみならず文化や自然・社会環境を謳歌できる平和な社会でなければなりません。しかしながら高度成長・技術革新にともなう急激な変貌は「自己本位な刹那主義」の風潮を生みだし、先人が築いてきた歴史や文化に学ぶ余裕もなく、いまだ明るい人類の将来が展望できていないようにも見えます。このような状況を踏まえ、よりよい二十一世紀社会を築くために、人類誕生から現在に至る「人類の遺産・教訓」としてのあらゆる分野の歴史と文化を「歴史文化ライブラリー」として刊行することといたしました。

小社は、安政四年（一八五七）の創業以来、一貫して歴史学を中心とした専門出版社として書籍を刊行しつづけてまいりました。その経験を生かし、学問成果にもとづいた本叢書を刊行し社会的要請に応えて行きたいと考えております。

現代は、マスメディアが発達した高度情報化社会といわれますが、私どもはあくまでも活字を主体とした出版こそ、ものの本質を考える基礎と信じ、本叢書をとおして社会に訴えてまいりたいと思います。これから生まれでる一冊一冊が、それぞれの読者を知的冒険の旅へと誘い、希望に満ちた人類の未来を構築する糧となれば幸いです。

吉川弘文館

歴史文化ライブラリー

中世史

歴史文化ライブラリー

中世の巨大地震――矢田俊文
大飢饉、室町社会を襲う！――清水克行
中世の富と権力 寄進する人びと――湯浅治久
中世は核家族だったのか 民衆の暮らしと生き方――西谷正浩
出雲の中世 地域と国家のはざま――佐伯徳哉
中世武士の城――齋藤慎一
戦国の城の一生 つくる・壊す・蘇る――竹井英文
九州戦国城郭史 大名・国衆たちの築城記――岡寺 良
徳川家康と武田氏 信玄・勝頼との十四年戦争――本多隆成
戦国大名毛利家の英才教育 元就・隆元・輝元と妻たち――五條小枝子
戦国大名の兵粮事情――久保健一郎
戦国時代の足利将軍――山田康弘
足利将軍と御三家 吉良・石橋・渋川氏――谷口雄太
〈武家の王〉足利氏 戦国大名と足利的秩序――谷口雄太
室町将軍の御台所 日野康子・重子・富子――田端泰子
名前と権力の中世史 室町将軍の朝廷戦略――水野智之
摂関家の中世 藤原道長から豊臣秀吉まで――樋口健太郎
戦国貴族の生き残り戦略――岡野友彦
鉄砲と戦国合戦――宇田川武久
検証 長篠合戦――平山 優
織田信長と戦国の村 天下統一のための近江支配――深谷幸治
検証 本能寺の変――谷口克広
明智光秀の生涯――諏訪勝則
加藤清正 朝鮮侵略の実像――北島万次
落日の豊臣政権 秀吉の憂鬱、不穏な京都――河内将芳
豊臣秀頼――福田千鶴
天下人たちの文化戦略 科学の眼でみる桃山文化――北野信彦
イエズス会がみた「日本国王」 天皇・将軍・信長・秀吉――松本和也
海賊たちの中世――金谷匡人
アジアのなかの戦国大名 西国の群雄と経営戦略――鹿毛敏夫
琉球王国と戦国大名 島津侵入までの半世紀――黒嶋 敏
天下統一とシルバーラッシュ 銀と戦国の流通革命――本多博之

近世史

慶長遣欧使節 伊達政宗が夢見た国際外交――佐々木 徹
徳川忠長 兄家光の苦悩、将軍家の悲劇――小池 進
女と男の大奥 大奥法度を読み解く――福田千鶴
大奥を創った女たち――福田千鶴
江戸のキャリアウーマン 奥女中の仕事・出世・老後――柳谷慶子

歴史文化ライブラリー

近・現代史

歴史文化ライブラリー

強制された健康 日本ファシズム下の生命と身体――藤野 豊
「自由の国」の報道統制 大戦下の日系ジャーナリズム――水野剛也
学徒出陣 戦争と青春――蜷川壽惠
特攻隊の〈故郷〉 霞ヶ浦・筑波山・北浦・鹿島灘――伊藤純郎
陸軍中野学校と沖縄戦 知られざる少年兵「護郷隊」――川満 彰
沖縄戦の子どもたち――川満 彰
沖縄からの本土爆撃 米軍出撃基地の誕生――林 博史
原爆ドーム 物産陳列館から広島平和記念碑へ――頴原澄子
米軍基地の歴史 世界ネットワークの形成と展開――林 博史
沖縄米軍基地全史――野添文彬
考証 東京裁判 戦争と戦後を読み解く――宇田川幸大
ふたつの憲法と日本人 戦前・戦後の憲法観――川口暁弘
戦後文学のみた〈高度成長〉――伊藤正直
首都改造 東京の再開発と都市政治――源川真希
鯨を生きる 鯨人の個人史・鯨食の同時代史――赤嶺 淳

文化史・誌

山寺立石寺 霊場の歴史と信仰――山口博之
神になった武士 平将門から西郷隆盛まで――高野信治
跋扈する怨霊 祟りと鎮魂の日本史――山田雄司
将門伝説の歴史――樋口州男
殺生と往生のあいだ 中世仏教と民衆生活――苅米一志
浦島太郎の日本史――三舟隆之
〈ものまね〉の歴史 仏教・笑い・芸能――石井公成
スポーツの日本史 遊戯・芸能・武術――谷釜尋徳
戒名のはなし――藤井正雄
墓と葬送のゆくえ――森 謙二
運 慶 その人と芸術――副島弘道
ほとけを造った人びと 止利仏師から運慶・快慶まで――根立研介
祇園祭 祝祭の京都――川嶋將生
洛中洛外図屛風 つくられた〈京都〉を読み解く――小島道裕
化粧の日本史 美意識の移りかわり――山村博美
乱舞の中世 白拍子・乱拍子・猿楽――沖本幸子
神社の本殿 建築にみる神の空間――三浦正幸
古建築を復元する 過去と現在の架け橋――海野 聡
生きつづける民家 保存と再生の建築史――中村琢巳
大工道具の文明史 日本・中国・ヨーロッパの建築技術――渡邉 晶
苗字と名前の歴史――坂田 聡
日本人の姓・苗字・名前 人名に刻まれた歴史――大藤 修

歴史文化ライブラリー

日本料理の歴史——熊倉功夫
日本の味 醤油の歴史——林 玲子・天野雅敏編
中世の喫茶文化 儀礼の茶から「茶の湯」へ——橋本素子
香道の文化史——本間洋子
天皇の音楽史 古代・中世の帝王学——豊永聡美
話し言葉の日本史——野村剛史
ガラスの来た道 古代ユーラシアをつなぐ輝き——小寺智津子
たたら製鉄の歴史——角田徳幸
金属が語る日本史 銭貨・日本刀・鉄炮——齋藤 努
賃金の日本史 仕事と暮らしの一五〇〇年——高島正憲
書物と権力 中世文化の政治学——前田雅之
気候適応の日本史 人新世をのりこえる視点——中塚 武
災害復興の日本史——安田政彦

民俗学・人類学

古代ゲノムから見たサピエンス史——太田博樹
日本人の誕生 人類はるかなる旅——埴原和郎
倭人への道 人骨の謎を追って——中橋孝博
役行者と修験道の歴史——宮家 準
幽霊 近世都市が生み出した化物——髙岡弘幸
遠野物語と柳田國男 日本人のルーツをさぐる——新谷尚紀

世界史

神々と人間のエジプト神話 魔法・冒険・復讐の物語——大城道則
中国古代の貨幣 お金をめぐる人びとと暮らし——柿沼陽平
渤海国とは何か——古畑 徹
アジアのなかの琉球王国——高良倉吉
琉球国の滅亡とハワイ移民——鳥越皓之
イングランド王国前史 アングロサクソン七王国物語——桜井俊彰
ヒトラーのニュルンベルク 第三帝国の光と闇——芝 健介
帝国主義とパンデミック 医療と経済の東南アジア史——千葉芳広
人権の思想史——浜林正夫

考古学

タネをまく縄文人 最新科学が覆す農耕の起源——小畑弘己
イヌと縄文人 狩猟の相棒、神へのイケニエ——小宮 孟
顔の考古学 異形の精神史——設楽博己
〈新〉弥生時代 五〇〇年早かった水田稲作——藤尾慎一郎
文明に抗した弥生の人びと——寺前直人
樹木と暮らす古代人 木製品が語る弥生・古墳時代——樋上 昇
アクセサリーの考古学 倭と古代朝鮮の交渉史——高田貫太

歴史文化ライブラリー

古　墳——土生田純之
古墳を築く——一瀬和夫
東国から読み解く古墳時代——若狭 徹
東京の古墳を探る——松崎元樹
埋葬からみた古墳時代 女性・親族・王権——清家 章
鏡の古墳時代——下垣仁志
神と死者の考古学 古代のまつりと信仰——笹生 衛
土木技術の古代史——青木 敬
大極殿の誕生 古代天皇の象徴に迫る——重見 泰
国分寺の誕生 古代日本の国家プロジェクト——須田 勉
東大寺の考古学 よみがえる天平の大伽藍——鶴見泰寿
海底に眠る蒙古襲来 水中考古学の挑戦——池田榮史
中世かわらけ物語 もっとも身近な日用品の考古学——中井淳史
ものがたる近世琉球 喫煙・園芸・豚飼育の考古学——石井龍太

古代史

邪馬台国の滅亡 大和王権の征服戦争——若井敏明
日本語の誕生 古代の文字と表記——沖森卓也
日本国号の歴史——小林敏男
日本神話を語ろう イザナキ・イザナミの物語——中村修也
六国史以前 日本書紀への道のり——関根 淳
東アジアの日本書紀 歴史書の誕生——遠藤慶太
〈聖徳太子〉の誕生——大山誠一
倭国と渡来人 交錯する「内」と「外」——田中史生
大和の豪族と渡来人 葛城・蘇我氏と大伴・物部氏——加藤謙吉
物部氏 古代氏族の起源と盛衰——篠川 賢
東アジアからみた「大化改新」——仁藤敦史
白村江の真実 新羅王・金春秋の策略——中村修也
よみがえる古代山城 国際戦争と防衛ライン——向井一雄
よみがえる古代の港 古地形を復元する——石村 智
古代氏族の系図を読み解く——鈴木正信
古代豪族と武士の誕生——森 公章
飛鳥の宮と藤原京 よみがえる古代王宮——林部 均
出雲国誕生——大橋泰夫
古代出雲——前田晴人
古代の皇位継承 天武系皇統は実在したか——遠山美都男
壬申の乱を読み解く——早川万年
戸籍が語る古代の家族——今津勝紀
古代の人・ひと・ヒト 名前と身体から歴史を探る——三宅和朗

歴史文化ライブラリー

疫病の古代史 天災、人災、そして——本庄総子
万葉集と古代史——直木孝次郎
郡司と天皇 地方豪族と古代国家——磐下 徹
地方官人たちの古代史 律令国家を支えた人びと——中村順昭
古代の都はどうつくられたか 中国・日本・朝鮮・渤海——吉田 歓
平城京に暮らす 天平びとの泣き笑い——馬場 基
平城京の住宅事情 貴族はどこに住んだのか——近江俊秀
すべての道は平城京へ 古代国家の〈支配の道〉——市 大樹
都はなぜ移るのか 遷都の古代史——仁藤敦史
古代の都と神々 怪異を吸いとる神社——榎村寛之
聖武天皇が造った都 難波宮・恭仁宮・紫香楽宮——小笠原好彦
天皇側近たちの奈良時代——十川陽一
藤原仲麻呂と道鏡 ゆらぐ奈良朝の政治体制——鷺森浩幸
古代の女性官僚 女官の出世・結婚・引退——伊集院葉子
〈謀反〉の古代史 平安朝の政治改革——春名宏昭
皇位継承と藤原氏 摂政・関白はなぜ必要だったのか——神谷正昌
王朝貴族と外交 国際社会のなかの平安日本——渡邊 誠
源氏物語を楽しむための王朝貴族入門——繁田信一
平安貴族の仕事と昇進 どこまで出世できるのか——井上幸治
平安朝 女性のライフサイクル——服藤早苗
平安貴族の住まい 寝殿造から読み直す日本住宅史——藤田勝也
平安京のニオイ——安田政彦
平安京の災害史 都市の危機と再生——北村優季
平安京はいらなかった 古代の夢を喰らう中世——桃崎有一郎
天神様の正体 菅原道真の生涯——森 公章
平将門の乱を読み解く——木村茂光
平安時代の死刑 なぜ避けられたのか——戸川 点
古代の神社と神職 神をまつる人びと——加瀬直弥
古代の食生活 食べる・働く・暮らす——吉野秋二
古代の刀剣 日本刀の源流——小池伸彦
大地の古代史 土地の生命力を信じた人びと——三谷芳幸
時間の古代史 霊鬼の夜、秩序の昼——三宅和朗

各冊一七〇〇円〜二一〇〇円（いずれも税別）
▽残部僅少の書目も掲載してあります。品切の節はご容赦下さい。
▽品切書目の一部について、オンデマンド版の販売も開始しました。
詳しくは出版図書目録、または小社ホームページをご覧下さい。